わたし８４歳、
今がいちばん幸せです！

スピリチュアルな生き方が夢を実現させる

広瀬尚子

KKロングセラーズ

推薦文

山川亜希子

広瀬尚子さんとは、二〇年来のお友達です。と言うよりも人生の先輩として、いろいろ教えていただいています。

知り合った当初から、北軽井沢でカフェフルールという人気のカフェを一人で切り盛りしていたこと、スコットランドにある精神世界のコミュニティ、フィンドホーンに毎年ツアーを組んで大勢の人を連れて行っていらっしゃったことなど、目も見張るばかりに大活躍されていました。

若い人たちの間でとりわけ人気があり、みんなが彼女を頼りにしていました。おいしいご飯を振る舞い、みんなの話をゆっくり聞き、それぞれに適切な助言をする、そんな彼女をみんなが愛し、尊敬するのは当然です。

その上、七〇代になっても好奇心が旺盛で何にでもすぐにチャレンジして行く方です。それと共に、向学心もいっぱい。いろいろなワークショップに参加したり、資格をとったりして、それをみんなのために役立てています。

そして極めつけが、八〇歳でのお嫁入りです。二回目のピースボートから帰ってきた彼女が、ある日、私をお茶に誘ってくれました。座ってすぐ、

「私、北九州にお嫁に行くことにしたの」。

ちょっとびっくりしたけれど、実はそんなではありませんでした。だって、ピースボートからのフェイスブックの投稿で、なんとなくそんな雰囲気を感じていたからです。

ただ、「お嫁に行くの」と言う彼女の言い方がとても新鮮で素敵で、それだけで嬉しくなったのでした。

そしてご結婚してからは、もうこれ以上幸せな人はいないかもね、と言うほど、毎日を楽しそうに過ごされています。

包み隠さずにその毎日の様子を書いてくださったこの本、本当に楽しくて心が暖かくなります。

ともかく、この本を手に取ったからには、最後まで楽しく笑いながら読んでくださ い。そして彼女の人生から元気と勇気をもらいましょう。

まえがき

誰でもこの世に生まれて来る時に、この世で果たす役割を決めて来ると言われています。

誰もがパズルの一つ一つ違うピースのようにそれぞれ違う役割があり、それを果たすのに都合のよい時代と場所と親を自ら選んで生まれて来る、とも言われています。

それではこの私の役割は何だろうと考えた時、最近になってようやくそれがわかってきたような気がします。

自分の生きてきた道筋を振り返ってみると、その時その時に直感で選んだ選択が、全部一本の線でつながれて、その目的に向かって来たように思えるのです。

それではその役割とは何か。一言で言うなら「まだ大事なことに気づかずに眠ったままでいる人を、揺り動かして目を覚まさせること」。それも自分が体験したことを通して、自分が会得した生き方を通して、実際の行動として人に見せること、です。

私はよく人から「尚《なお》さんのようになりたい」と言われます。言いたいことを言い、したいことをし、行きたい所へ行き、いつも元気で楽しそうにしている私を見て、あんなふうに自由に生きられたらいいな、と思ってくださる方があるのは嬉しいことですが、そうなれるまでの私のくぐり抜けて来た「苦労」は誰もしたいとは思わないでしょう。

必要な時には口にもしますが、ことさらに過去の出来事を引きずり出す必要もないので、人は私が生まれつき「ノー天気な楽天家」と思っているかもしれません。いずれにしても「あんな年寄りにはなりたくない」と思われていないのなら、私の人生も捨てたもんじゃない、とひそかに鼻をふくらませております。

人生の最終章に入った現在、思いがけなく出会った最良のパートナーと二人三脚で

「元気で楽しい老後」を皆さまにお見せすることが出来るのは何よりの幸せです。
　これからも自分の役割を最後までしっかり果たすべく、いろいろなことにチャレンジし、人々が楽しんでくれることを、そしてそれを通して意識が変わって、もっともっと広い世界を自由にラクに生きられるようになるお手伝いが出来たらいいな、と思っております。

広瀬尚子

もくじ

第二章 六一歳から始まった本当の人生

第三章 今、結婚を考えている人へ

第四章　シンクロという言葉が引き寄せたもの

第五章　自分を変えた軽井沢

第六章 私のスピリチュアルへの道

第七章　生きるということ

第1章

80歳で再婚した私

出会いはピースボート

私が八〇歳の時にプロポーズをされた話をすると誰もが驚き、その反応がさまざまでした。えぇーっ!! と文字通り天を仰いで仰天したり、キャー! と叫んで拍手をしたり、口を開けたまま固まってしまったり、「うれしい!」と涙を流してくれた人もいました。

もちろん、いちばんびっくりしたのは私自身です。

出会いはピースボート。三カ月半で地球を一周するとてもカジュアルなクルーズです。初めて乗ったのは七五歳の時。船の上では演芸大会や運動会、夏祭りなど数々の催しがあり、「自主企画」という自分で仲間を集めたり、講座を開くことも出来ますし、スポーツクラブや何かを教えるクラス、ＤＶＤの上映会を開いたりすることも出来、毎日退屈するひまはありません。

無料の社交ダンスやヨガ、フラダンスなどのクラスも毎日開かれていました。その頃、東京で社交ダンスを習っていた私はそのクラスに入り、毎日一時間のレッスンに参加しました。女性の先生が男女合わせて八〇人くらいの生徒を教えるのですから大変です。

クルーズがインド洋から紅海へ入った頃、先生から「近いうちにいろいろなグループの発表会があるので社交ダンスも参加します。今日からはペアで練習しますから、皆さん、パートナーを決めてください」と言われました。

皆さんは隣の人などとサーッと決まってしまったのに、気がつくと私には誰もいません。

するとやはりアブレ組の男性の一人が「お願いできますか？」と近寄って来ました。今まで話したこともない人でした。それが彼、Ｓさんとの最初の出会いです。

発表会も無事に終わり、気がつくとその人はいつも麻雀テーブルの所にいます。私も、そしていつも行動を共にしている友達も麻雀が好きなので、時々仲間に入れてもらい、ゲームが終わるとみんなでバーへお茶やお酒を飲みに行き、雑談するようになりました。

Sさんはよく笑う声の大きい人で、名前を知らない間は友達と「あの明るいおじさん」と呼んでいました。彼は九州で会社を経営していた人で、今は二代目に譲ってリタイヤしていますが、現役時代に不思議なほどいろいろな偶然が重なって会社が順調に行ったそうです。それをいかにも不思議でならないといった風に話すので、私は思わず言ってしまいました。

「Sさん、それってね、偶然じゃないんです。シンクロっていうんですよ」

「何ですか、それ?」

「この現実の世界と、見えない世界がシンクロナイズしているってことです。Sさんの企業理念が宇宙の法則と合致したので、宇宙がサポートしてくれたんですよ」

普通ならそこで「へぇー」で終わりになるところですが、この方は違ったんですね。「この女性は俺の知らないことを知ってる」と思ったんだそうです。

それで私が自主企画で開いた「精神世界シェアリング」という集まりにも来てくれました。そしてそこでのSさんの発言に対して、別の男性参加者がバカにしたような言い方をしたのですが、それに対して憤りもせずサラリと流したのを見て、今度は私が感心しました。

この人タダモノじゃないと思ったんです。

やがてクルーズも半ばを過ぎ、北欧三国の後はアイスランドでした。

アイスランドにはブルーラグーンという世界一巨大な露天風呂があります。お湯の色がきれいなブルーなのでその名が付いたのですが、酸性度がとても強いので金属が変色する怖れがあるから注意するようにとのこと。

金やプラチナは大丈夫と思いましたが、落としてもいけないとダイヤとオパールの指輪二つをはずして部屋に置いて行くことにしました。個室ではありませんし、お掃除の人も入るので目に付かない所へ置こうとあれこれ場所を変えながらしまいました。

帰って来てもすぐには出さず、三日ほど経ってから出そうとしたらどこを探してもないのです。思い当たる場所やバッグの中を探しましたが見つかりません。遺失物係りに聞いてもないということです。

もしかしたらフタが開いてしまうバッグに入れた記憶もあるので、廊下で落としたかもしれない、掃除機に吸い込まれてしまったかもしれない、もし誰かが拾って「得した！」と思うなら、それはそれでいいじゃないか、とすっかり諦めてしまいました。

僕が新しい指輪を買ってあげるから一緒になろうよ

このことを誰にも言えず、まして同室の人には言えませんから一人で胸に秘めていましたが、胸の中はもやもやするばかり。

そんな時、たまたまSさんと二人で話をする機会がありました。そこで彼にその指輪をなくした話をしたのです。

すると彼が同じことを言いました。

「誰かが拾って得した」と思うなら、それはそれでいいじゃないか、と。

あら、私と同じこと思ってる、と感じた次の瞬間、思いもかけない言葉が！

「僕が新しい指輪を買ってあげるから一緒になろうよ」

えぇーっ！　何言ってるんですか⁉　そこで二人で大笑いしました。

大笑いはしたものの、夜ベッドに入ってからなかなか寝付けません。

あれは一体何なの？　人をからかってるのかしら？　でもこれまでの話しぶりでは人をからかうような人には見えないし、ただの冗談よね？　でもそうならずいぶんタチの悪い冗談だわ、などと考えていたら目が冴えてしまいました。

二、三日後、彼をつかまえて問いただしました。
この間言ったことですけど、あれは冗談ですか？　それとも本気ですか？

彼は真面目な顔で言いました。「もちろん本気ですよ」。またエエーッ！　です。

「だって私の歳知らないでしょう？」

「ええ、僕は七二ですが」

「私、八〇ですよ。あなたより八つも上ですよ。いいんですか？」

彼は顔色も変えずに言いました。「関係ないでしょう？」


へーっ、本気なんだわ。こりゃ、大変！

でも、その五年前に初めてピースボートに乗った時は確かに、私もパートナーが見つかればいいな、と思っていたっけ。

でも、なぜか全くモテませんでした。誰一人、お茶に誘ってくれる人もいなかったのです。

七五歳でそうでしたから、それから五年経っているのにモテるわけがありません。そんなことは全く期待も予想もせず、友達とただ船旅を楽しんでいるだけでした。

この人は思いと言葉が一致している

でもそう言ってくれるなら、お付き合いするのもいいかも。東京と九州では交通費が大変だけど電話やメールで連絡も取れるし、たまには中間の大阪辺りで落ち合ってデートするのもいいかも、などちょっとロマンチックなことを考えていたら、次の日に彼が言いました。


「昨夜は眠れなくなっちゃったよ」

「どうして？」

「いやね、うちは部屋数はあるんだけど、散らかっていてね。あんたの部屋をどこにしようかって考えてたら眠れなくなったんだよ」

また、エエーッ？　です。なんと、一緒に暮らすこと考えてるんだわ、この人！

そこで私も考えました。

奥さんと別れて九年間も一人で、したこともない台所仕事などしてきたと聞いていますから、料理は得意まではいかないけれど嫌いではない私。ご飯作りに行ってあげてもいいかな？　という気持になったのです。

それまでの話の中から「この人は思いと言葉が一致している」信頼出来る人という印象はありましたし、彼の会社の経営理念は密かに尊敬もしていました。特別な恋愛感情はないけれど、好感は持っていましたから、翌日あっさりと九州行きを承知しました。

クルーズも終盤にさしかかり、明日は最後の寄港地ホノルルという夜のことでした。部屋に戻り、翌日の上陸に備えてバッグの準備をしていると、そのバッグのポケットから出て来たのです、あのなくしたと思った二つの指輪が！

何度も探した場所なのに、その時は別次元に姿を隠していたのでしょうか？話が決まったとたん、あっさり出て来たのです。一つは不思議な力を持つと言われるエイトスターダイヤモンド。心なしか「役割を果たしました」と言っているように輝いていました。

母娘合同の結婚式と披露パーティー

Sさんはその前年に初めてピースボートに乗って、食事の支度も掃除もしないでいい生活がすっかり気に入って、それが二回目の乗船でした。

そして三カ月後の南半球だけのクルーズにもすでに申し込みをしていました。その下船日は翌年の春と聞いたので、その頃に九州へ行きますと言ったら、「そんな先になるのなら、いっそ、そのクルーズに一緒に行こう」と言うのです。

いいえ、いいえ、私にそんな余裕はありません、と答えたら
「いや、僕が払うよ。新婚旅行だもの」と。

まあ、嬉しい！　それなら行きます！　と、私も単純です。だって断る理由はありませんもの。

彼がその手続きをしてくれたのは船が横浜に帰りつく前の日でした。

それが七月の末だったので、八月のお盆過ぎに彼の自宅を訪ねる約束をして神戸で下船する彼と別れ、一人横浜で船を降りました。


次女が迎えに来てくれていて、彼女が開口いちばんに言ったことが「私、結婚することになった」でした。

四年前から一緒に暮らしている人と一一月二二日に式を挙げると言うのです。イイフーフの日だそうです。そこで歩きながら私の話をするわけにはいきません。

東京の自宅マンションに戻り、夜お寿司を囲んで娘と婚約者、隣りに住む以前から

の若い友人A子ちゃんとささやかな「ただいま会」の席で初めて報告しました。

三人ともエエーッ‼　と文字通りの仰天です。

でもとても喜んでくれました。

私はそれまでにも、人生で大切な決断はいつも誰にも相談せず、一人で決めて全て事後報告でしたからみんな慣れています。

こうして、二〇一五年一〇月末に北九州へ引っ越して参りました。

そして一カ月後、宮崎県の日向市にある大御（おおみ）神社で娘達は式を挙げ、私達も参列。そして翌日は今度は私達がお祓いをしていただいて二組の新婚夫婦が誕生いたしました。

披露パーティーは東京のスペイン料理のレストランを借り切って、親子合同でしました。親子で共通の友人知人が多いので合同にしたわけですが、娘がフラメンコを踊ったり友人達の歌や演奏があったりで、皆さんがとてもよかった、楽しかったと言ってくださいました。

世の中に親子合同はあるとは思いますが、二〇代と五〇代の親子ならあっても四八歳と八〇歳はちょっと珍しいかもしれません。呆れる方もあるでしょうね。

最初に決めたこと

船の上で一緒に暮らすことを決めた瞬間、私の心に最初に浮かんだのは「何があってもこの人の面倒は最後まで見よう」という思いでした。まだ知り合って日も浅く、年齢も私のほうが八歳も上なのに、なぜそう思ったか不思議でなりませんが、それだけの覚悟を決めたということでしょう。

籍は入れないでおきましょう、と言ったのは私です。二人ともいつ何があってもおかしくない年齢ですから、面倒なことは出来るだけ避けたいと思ったのです。こういう形態を世間では事実婚と言っていますが、何だか事務的であまり好きな言葉ではないので、私は勝手に「別姓婚」と呼んでいます。

また、相手をパートナーという呼び方もありますが、これだとビジネスパートナーみたいで距離が遠くなる気がします。

やはり彼を主人とか夫と呼ぶのが私の感覚にはぴったり来るので、何の違和感もなくそう呼んでいます。

夫の方は「家内」と自然に言えるようになるまで、少し時間がかかりましたけれど。

経済については私も何とか一人で生活して来ましたから、今更養ってもらう気もなく家計費はそれぞれ同じ金額を共同財布に入れ、私が管理をして家計簿もつけることを提案しました。

税金や保険料、医療費や衣類など個人的出費はそれぞれの負担。これがいちばんの明朗会計です。

実際に暮らし始めてからは光熱費は彼の口座から引き落とされますし、二人の方が食費なども経済的なので、旅行でもしない限りそれほど沢山のお金は必要ありません。

たまには「今日は私のおごりね」と外食をしたり、「今日のランチはあなたがおごって」などと車で出かけることもあります。

二人ともお金に対しては淡白で、ドけちでもなければ浪費家でもないところが似ています。ほかにも物事におおざっぱだったり、神経質でないところ、オープンなところ、何に対してもポジティブで、見えない世界があることを信じ、何か大いなるものに生かされているという感謝と畏怖の気持があることも共通しています。

相手のことをほとんど何も知らずに結婚したのに、一緒に暮らしてみたら似ているところが多く、相性がよいことに気づきました。

私のかねてからの持論「夫婦は一に相性二に相性、三、四がなくて五に相性」の通りなのです。

あったのは「信頼」と「尊敬」の気持だけ

ろくに知りもしない相手と一緒に暮らすことをあっさりと決め、はるばる東京から誰も知る人のいない（実際には一人だけいましたが）九州くんだりまで八〇歳になって引っ越した私に多くの方が「すごい決断力」とか「勇気がある」などと言って驚嘆されるのですが、私にはそのどちらも必要ありませんでした。

彼がいわゆる「タイプ」だったわけでも、恋に落ちたわけでも、打算が働いたわけでもありません。あったのは「信頼」と「尊敬」の気持だけ。あとは直観が働いたとしか説明のしようがないのです。

そう、それまでも人生の中の大きなこと、新しい仕事を始めたり、土地を買ったり家を建てたり、引越しをしたりということは「考える」のではなく、占いに頼るわけでも人に相談するわけでもなく、瞬間に来る感覚、つまり第六感と言いますか、直観に素直に従って決めて来ただけです。

そしてその結果はすべて正解でした。その経験から自分の直観に素直に従うようになったのです。

それが傍から見ると「すごい決断力と勇気」に見えるのでしょう。突飛な行動力にも見えるらしく、人を驚かせたり呆れさせたりしているようですが、私自身の中ではなんの矛盾もなく、すべてがごく自然なことなのです。

しかし、これは昔からそうであったわけではありません。若い頃は世間体を気にし、人にどう思われるか、どう評価されるかがいつも気になる、ごく当たり前の人間でした。

それがどうしてそうではなくなったのか、判断基準が変わり人生までもが変わったのかを後ほどお話ししたいと思います。

老人夫婦の新婚生活ってどんなふう？

多分、好奇心を持たれる方が多いでしょうね。でも面と向かっては聞きにくいと思うのでお話ししましょう。

船の上で出会ってから下船までの一カ月あまり、毎日のように会ったり麻雀をしたりグループでおしゃべりをしても、それは単なる友人としてのお付き合い。

部屋はどちらも四人部屋ですから、二人だけで話をしたりしたのはほんの数えるほど。

毎晩夕食後に船内の劇場で上映される映画に二回ほど一緒に行きましたが、今の若い人たちが言う「付き合う」という感じでありません。

歳はとっても男と女が一緒に暮らすということは性的なことも含まれています。

離婚して四〇年余り、その間に好きになった人もいましたから初心なわけではありません。でもずい分間が空いてしまっているので、ある時思い切って尋ねました。

「私がまだ女として役に立つかどうか、試してみてからでなくてもいいんですか？」

すると彼が言いました。

「いやぁ、僕もトシですからね。でも頑張ります」と。

思わず笑ってしまって、「いいです、いいです、頑張らなくても」と二人で大笑い。

約束通り、八月のお盆過ぎに彼の自宅を訪ねました。

「新幹線がラクでいいよ」と言われていたのに、飛行機にして失敗でした。

東京の中央線の沿線に住んでいましたから、新幹線なら乗り換え二回で済んだのに、山手線―モノレール―飛行機―地下鉄―新幹線―在来線と六回も乗り換えてようやく彼の家に着きました。

彼が三歳の時から暮らし、一度も引っ越したことがないという戦前の古い家です。

どちらかと言えば洋風のモダンな家が好きな私なのに、なぜか入ったとたん何の違和感もなく、「前にも来たことがある」的なとても自然な親しみを覚えました。

部屋数はいくつもある平屋でしたが、男所帯だけあってどこも雑然としています。

さっそく一緒にスーパーへ行って材料を買い込み、夕食を作りました。

彼は兄と姉一人ずつの三人兄弟の末っ子で、独り身の彼を心配した隣県に住む姉が時々お掃除などに来てくれていたようです。

夜になり、その義姉が用意してくださっていた夏用のシーツや上掛けで寝具が整うと彼が持ち前の大きな声で、「俺も隣りに寝るぞー」と自分の布団を引っ張って来ました。

このオープンさで一気に緊張が解け、私たちの仲が急に縮まったような気がしました。

あとはご想像にお任せしますが、結果は「可能」だったとだけ申し上げておきます。

男性はともかく、女性の方は受ける側ですから、物理的な意味ではいくつになっても可能だとは思います。ただ年齢と共に個人差はあるでしょうが、分泌物は減っていきますから適当な補助は必要でしょう。

性的な交わりは個人差はあるでしょうが、お互いが思いやりを持ってさえいれば、共に愛情を育てて行く上でとても大切なことだと思います。

思っていることを遠慮なく言える自由さ、オープンさ

そしてもっと大事なのが会話です。思っていることを遠慮なく言える自由さ、オープンさが必要。彼は特に女好きのタイプではありませんし、ごく普通の典型的な男性だと思います。中には特殊な性癖があったり、女性の扱いが上手な人下手な人がいると思います。結婚生活の成否を左右する重要なことなので、若いうちに結婚して長い結婚生活を送る人たちは、幸せな結婚生活のためにそういう面もおろそかにしない方がいいでしょう。

さて、四年経った今はどうかと言えば、「年齢相応に」とだけお答えしておきます。
でもスキンシップだけはよくあります。冬の寒い夜にはお互いに身を寄せ合って相手を人間湯たんぽ代わりにしたり、肩をもみ合ったり、時には手をつないだまま眠りに入ったり、けっこう仲良くしています。
夜中に頬をなでられて、良い気分で目を覚ましたら、私のいびきがうるさかったからと言われてギャフンでした。

若い頃の結婚は子育てがありますから、そうそう新婚気分にばかり浸ってはいられませんし、出産を境にセックスレスになったり、夫が浮気に走ったりという話もよく聞きます。「子はかすがい」になる場合もあれば、子どもがいるために喧嘩が絶えず別れる夫婦もいます。私の場合がそうでした。

高年齢での結婚はそれぞれに子どもはいても、基本的には二人だけの生活ですから、とてもシンプルで暮らしやすいと言えます。もちろん若い頃に結婚して子育ても順調、家族みんなが仲が良いというのが理想的ですが、そうでない家族も同じくらいの数あるでしょう。

夫婦の相性が悪いと、お互いに相手のいやな面を引き出してしまい、いくら努力してもなかなか幸せな家庭は築けません。子どもの成育にも影響します。世間体を気にして形だけ保っていても、家庭内別居や仮面夫婦では意味がありません。そんな時は出直す覚悟も必要です。その経験は必ず人間を成長させますから無駄にはなりません。

大切なことは自分から黒いオーラが出ないようにすること。いつも綺麗なピンク色のオーラでないと、それは「公害」となって周りの空気を汚しますから。

男の気持・女の気持

私達二人はどちらもバツイチ同士。双方とも妻の方からの別離決意というのも同じです。

どちらの場合も妻は何年も前から別居または離婚を考えているのに、夫の方は「寝耳に水」といった状態。

「真面目に仕事に励んで、浮気も賭け事も借金もしないのに、どこが不足なんだ？俺のどこが悪いんだ」と思ったに違いありません。

私の元夫の場合は、どうせ生活に困って泣きついてくるだろう、と思ったでしょうし、彼の場合はご飯一つ炊いたことがない人だったそうなので、奥さんからすれば家事や食事の支度に困って、戻って来てほしい、と言われると思ったのではないでしょうか（これはあくまでも私の推測なので違っているかもしれません）。

ところがどっこい、私の場合は離婚届を提出した瞬間に、目の前がパーッと明るくなり、勇気凛々、これから頑張るぞー！　とばかりに力が湧いてきたのです。小学校六年生になったばかりの次女と二人、それからの人生は一変しました。

所帯主になった気分はなかなか良いものでしたから、働くことは苦になりませんでしたし、何よりも「自分自身を生きる」楽しさにわくわくしていました。

彼の場合も似ています。去るものは追わずの精神で慣れない食事の支度にも挑戦し、六三歳からの九年間を頑張ったのだそうです。

共に別れに際して相手と何の話し合いもせず、妻が何を思って別れたかったのかを理解しない夫達であることも同じです。妻の方も夫の真の気持を理解していなかったかもしれません。

つまりはどちらかが一方的に悪いというわけではなく、一言で言えば「相性が悪かった」としか言いようがありません。その証拠に夫達はその後それぞれ再婚して、今度の相手とは仲良くやっているわけですから。

私の前夫は、その後三〇年ほど新しい奥さんと暮らして亡くなりましたが、きっと幸せな晩年だったと思います。

世の中のうまく行っていない夫婦の中には私たちのようなケースも多いのではないかと思うのです。特に男性は女の気持がわからない人だらけです。中にはそれがよくわかる優しい男性もおられるでしょうが、そういう人はモテ過ぎて、今度は別の悩みが生じること請け合いです。

以前友達にこう言って笑われたことがあります。

「世の中の仲の悪い夫婦を、麻雀パイみたいにガラガラと混ぜ合わせて組み合わせを変えたら、仲良しカップルが沢山生まれると思う」と。

友達には笑われましたけれど、そんなことが出来たら世の中が明るくなるだろうな、と半分本気で思っています。

もう一つ男性と女性の気持が食い違うことで感じることがあります。

それは男性の「故郷回帰」精神。

女はたいていの場合結婚して子どもでも出来れば、その自分の家庭が第一になりますが、男性は自分の両親や兄弟からの乳離れがなかなか出来ない人が多いようです。

いくつになっても「親父がこう言った」「おふくろにこう言われたから」なんて言う人いますよね。うちの夫もそうですが、ほかにも何人か知っています。

認知症になって施設にいる父親に会いに行った娘さんが、父親に自分の「妹」に間違われ、話に出てくるのは実家のことばかりと悲しんでいました。

女性は嫁いだ先が自分の居場所と思っていますが、男性は定年退職後に故郷に帰る人が多いですね。故郷を恋しがるのも圧倒的に男性のほうが多いのではないでしょうか。

それを理解しないと、「私より実家の母親の方が大事なの？ 姉の方を優先するの？」と言った不満が妻の側に湧いてきます。当然と言えば当然ですが、考えてみれば生まれてから育った家族の方が、大人になって作った家族より親密度が高いのは仕方ないのかもしれません。

そこは妻の方が大人になって、大らかに見守ってあげるくらいの気持と度量を持たないといつまでも不満は解消しないでしょう。

よりどころにしてきたものは「自分自身」

私の愛読書で、東京で一〇年間それの読書会もしていた『心の扉を開く』（日本教文社）という本がありますが、夫がその本をとっても気に入って、毎朝その一ページを二人で読んでいます。

その一月四日のページに「あなたは何を心のよりどころにしていますか？」という言葉がありました。

夫と顔を見合わせ、「私たちは何をよりどころにして来たかしらね？」と話したのですが、二、三秒後同時に二人とも「自分」という言葉が出ました。

そうなんです。何か事を決める時、二人とも誰にも話さず、相談もせず、これまでずっと一人で決めてきましたから。

彼は会社を経営している時、一人になってよく「自己沈潜」というのをして、自分の心に問いかけては「よし、やるぞ」と決めてきたそうですし、私も同じ。

私は自己沈潜すらなく、もっと早くてピンときたらすぐ決めて即行動でした。

つまり二人とも自覚なしに自然に自分の中の「内なる神」の存在を信じていたのだと思います。

ですから船の中で知り合って一カ月、彼からのプロポーズにもあまり考えることなくOK。まったく迷いがありませんでした。ついでに恋愛感情も（笑）。

互いの身辺事情は話し合いましたが、詳しい性格や習慣など何も知らぬまま、私は東京からはるばる九州までやって来たのでした。

籍は入れない、経済も平等は私からの提案。自立した大人同士が自由に好きなことをし、干渉し合わないというのが暗黙の了解でした。

これは大変心地よい関係です。これからシニア婚も増えると思いますが、参考にしていただければと思います。

それからいつの間にか四年経ち、知らなかった共通点を発見したり、お互いの親や祖父母の考え方、子ども達との関係などわかるにつれ、類似点の多いことに気付き、違和感のない日常となっています。

事後報告だけで誰にも相談も何もしていないのに、双方の子も孫たちも（多分半ば呆れながら）気持よく受け入れてくれていますし、今のところ困ることは何もありません。

一緒にいてもそれぞれ個人的なことは各自で決め、お互いに相談するのは、大きな買い物をする時や旅行の目的地や日取りくらいなものです。

第２章

61歳から始まった本当の人生

初めて自由に生きられるようになった

私が自分自身としての人生を歩き始めたのは六一歳の時でした。

短大を卒業し、二一歳で結婚してから離婚する四四歳までは妻として夫の仕事（翻訳業）の助手として、そして三人の子どもの母としての人生でした。

離婚後も末っ子が成人するまではやはり母として、何よりも働き手として生き、実母が八二歳で亡くなるまでは一人っ子の長女としての責任も感じていましたから、自分の好きなことをして自由に生きられるようになったのは、六一歳で北軽井沢に移住して初めての一人暮らしを始めてからのことでした。

他人からは寂しくないですか？　怖くないですか？　心細くないですか？　山の中の生活は不便でしょう？　冬は寒いでしょうね？　など私から「そうなんです」とい

うネガティブな答えを引き出したいのではないかと思うような問いばかりを受けていました。

なんのなんの、寂しくも怖くもなく、空気も景色も素晴らしく、自治会も回覧板もない別荘地での一人暮らしは、毎日自由でのびのびとして楽しくて楽しくてルンルンでした。

以前からの夢だったカフェをオープンし、畑で野菜作りも始め、初めてのマイカーを乗り回し、きっと私の目も表情も輝いていたのでしょう。若返ったとよく言われました。

五月から一〇月までは休日なしのお店の営業と畑仕事に明け暮れ、一一月にはタイムシェアという、年に一週間だけ使える権利だけ購入したハワイは、カウアイ島のコンドミニアムでのヴァケイションを楽しみ、海外へもよく出かけました。温泉も景色も新緑も紅葉も家の周りで満喫できるので、日本国内の旅行には全く興味が湧きませんでした。

長女のところの孫達が小さな頃はよくベビーシッターを頼まれ、東京でも沖縄でもフランスでもドイツでも必要とされる所へはどこへでも出かけて行きましたし、また彼らが我が家へ泊まりに来るのもとても楽しみでした。

二〇〇〇年六五歳の時に初めて行ったスコットランドのコミュニティ、「フィンドホーン」（教育機関でもあり、NGOとしての活動もしている世界で最初のエコビレッジ）の暮らしを体験する一週間のプログラムは私に大きな影響を与え、翌年からは行きたいけど一人では行けないし英語も苦手という方たちを通訳さん同行でお連れするツアーも始めました。

その時に知り合った方たちとは、ほとんどが二〇歳三〇歳の年齢差がありますが、今でもお付き合いが続いています。北軽井沢へ泊まりに来る人も多く、みんなが実家に来るような気楽さで来てくれたのは、私が女の一人暮らしだったからでしょう。

毎年行くカウアイ島へ同行した人も何人もいます。

カウアイ島はハワイ諸島の中で最も古い島ですが、全く環境の違う北軽井沢とは不思議に一致する感じの「氣」があるところです。共に緑豊かで地面を掘れば溶岩だらけという所が共通だからでしょうか。地面から足がいつも五センチくらい浮いているような非日常的感覚が日常という場所です。身体も心もゆるみ、そこにえも言われぬ至福感が忍び込んでくるような、そんな感じなのです。

北軽井沢の土地を購入した時も、このカウアイ島のコンドミニアムを決めたときも瞬時のことで、この時の強烈なインスピレーションの感覚を忘れることが出来ません。それ以来、重要なことの決定はこのピンと来る感覚を信じて全てを決めています。

彼との再婚も同じでした。そしてそのどれもが正解だったのです。

確かに自分の中には「神」である「本当の自分」がいます。その声に従えば間違いはありません。それには先ず、その存在を知り信じることが「始まり」であり重要だと思います（第五章「畑の天使からのメッセージ」参照）。

ピースボートのことを知ったのは六五歳の時、乗ったのは七五歳

一〇五日で地球を一周する船旅、ピースボートのことを知ったのは私が六五歳の時でした。その何年も前からあって新聞にも広告が載っていたらしいのですが、身近な方からその乗船体験を聞くまでは自分に関係のないことと興味を持っていませんでした。もともと旅行、特に海外旅行は大好きなので一度は乗ってみたいと思うようになり、郵便局の簡易保険に入りました。期間は一〇年。その間何事もなければ一〇年後に満期になって三〇〇万円が下りるというものです。

一〇年後、七五歳で元気だったらそのお金で個室に申し込もうと決めていました。

当時は北軽井沢で「カフェフルール」というお店を春から秋まで開いておりましたので、行ける時期は冬しかありません。

めでたく一〇年が過ぎ、まだまだ元気でした。念願どおり二〇一一年一月の東回りコースの第七二回ピースボートに一人部屋を申し込み、娘や大勢の友達に見送られながら横浜大桟橋から出航しました。

最初の寄港地タヒチまではひたすら海の上だけの二週間で、この間に降りたくなった方が何人もいたそうです。

豪華客船と違うのは

タヒチからまた二週間海の上で、次に着いたのがペルー。ここから飛行機でのオーバーランドツアーでマチュピチュやガラパゴス島に行く方たちもいましたが、すでにマチュピチュは体験済みだったので、私は港の近くのネットカフェを探してそこで過ごしました。

その頃だったでしょうか、友達からメールが届き、ニュージーランドで大きな地震があったことを知りました。何日か遅れで届いた日本の新聞で大勢の留学生達が亡くなったことを知って驚きました。

ペルーからコロンビア、カナリア諸島、パナマ運河を越えてモロッコのカサブランカに停泊したのが三月一一日。そう、あの未曾有の大震災の日でした。

船では毎朝六時半からデッキでラジオ体操があるので六時に目覚まし時計をセットしておくのですが、その日はなぜか自然に目が覚めて時計を見たら五時四六分。少し早いけれどそのまま起きてしまいました。体操の後朝食を済ませ、市内見物のツアーバスに座って出発を待っていると係りの人が緊張した面持ちで乗って来ました。「日本の東北地方で大きな地震があったそうです。日本時間の午後二時四六分です」

あとで時差を調べたらその日に私が目覚めた時間ピッタリでした。

その時まだ津波の情報は入って来ておらず、とっさに東京の娘にメールすると今丸の内の会社から日暮里の自宅まで歩いて帰る途中とのこと。仙台の何人かの友達にもメールし、みんな無事と知って安心し、そのままツアーに出かけました。

津波のことを知ったのは夕方船に帰ってからでしたが、テレビの受像はないので、情報は壁に貼り出されたパソコンから打ち出されたA４判の紙のみ。四日後にギリシャで積み込まれた日本の新聞を見るまでは今ひとつ緊迫感がありませんでした。

一カ月後に日本に帰って来て初めて津波の映像を見て、息をのんだのは私だけでなく、船に乗っていた人たち全員だったと思います。忘れられない強烈な思い出です。

ピースボートが豪華客船と違うところは、乗客参加のいろいろな催しがあることではないでしょうか。ピースボートが主催の運動会やかくし芸大会、夏祭りやファッションショーなど、どれも若者達が頑張ってくれて盛り上がりました。

また乗客が自分で主催する「自主企画」というのも盛んで、各自が自分の専門や得意とする技能を教えたり、教えられたりしますが全て無料です。

私も「六字気功」を教えるクラスを二回ほど開き、皆さんと毎朝デッキでしていました。

そして、この船で彼と知り合った

この船旅がとても楽しかったので、次は五年後八〇歳の記念にもう一度乗ろうと決心し、二〇一五年四月出航の第八七回の北欧周りにいち早く申し込みました。

今度は倹約して四人部屋でしたが、実際は三人で、しかもそのうち一人がキャンセルしたので、ずっと二人でラッキーでした。

そしてこの船で今の主人と知り合ったわけです。

実は申し込んだ後に思わぬことから北軽井沢を去り、東京で賃貸マンションに住むことになったので経済的な不安もあり、何度キャンセルしようとしたか知れません。安全無事をいちばんに考える普通の老人だったら迷わずキャンセルしたことでしょう。

でも私は幸か不幸か「普通」ではなかったので、結局はいつもの「何とかなるさ」

精神で行くことに決定。娘達一家が横浜中華街で私の「傘寿」を祝う会を開いてくれた翌日、みんなに見送られて船出をしました。

私達が出会った第八七回クルーズでは、私達のほかにもう二組カップルができたことを後になって知りました。

最初の七二回の時、自主企画でお手玉を教えていた小柄な女性（多分六〇代）が北海道の男性に写真を撮ってもらったのが縁で、その後結婚なさったという話は聞きましたが、おそらく一回のクルーズで多分何組かが成立しているのではないかと思います。

結婚まで行かなくても、恋人同士として船を降りてからもお付き合いを続け、次は一緒のクルーズに乗るカップルは何組も知っています。

大人同士のこと、いろいろな事情から自宅を離れられない人もいるでしょうから、それもまた、いいのではないでしょうか？

結婚相談所で条件だけで組み合わされるよりも成功率は高いのではないかと思いま

す。というのは、三カ月もの船旅をしようという人には多くの共通点があるからです。先ずは旅行、それも海外旅行好き、積極性、行動力、協調力、考え方がポジティブ、ある程度の経済力など男女共に共通点が多いからです。

たまに愚痴っぽい人や文句ばかり言う人、人の悪口が得意な人、わがままな人、細かいことにこだわる人もいることはいますが、そういう人は、自然に避けられてしまいますから問題外です。同じ趣味のグループで知り合ったり、価値観が同じような人と出会う可能性は一般社会よりはずっと高いと思います。

結婚した人たちのその後は、みんなとても仲が良いのも特徴です。やはり、毎日出会うことが出来、仕事も家事もないのでゆっくり話をする時間も多いのでお互いを十分に知ることができるからでしょう。同じ旅の思い出を共有できる喜びも大きいです。

さて、私達のことに戻りますが、彼は七〇歳で現役を引退し、その後は好きなことだけして生きたいと思ったそうで、それには先ず世界を見てみたいとピースボートの地球一周旅行を数カ月おきに三回することに決めたのだそうです。

その二回目で私と出会ったわけで、次回の第九〇回クルーズをすでに申し込み済みでした。

それに一緒に行くことになったのは前に書いた通りです。そのハネムーンが「新しい指輪」の代わりになりました。

かくして出発したのが二〇一五年の一二月。南半球だけのそれも主に島を巡る船旅でした。

一緒に暮らし始めてまだ間がないので、ペアの部屋でもなんとなくぎごちなさはある旅行でしたが、行ったことのない太平洋の島々、リオのカーニバル、南米大陸の最先端の町で食べた山盛の蟹、アフリカの喜望峰など珍しい体験が沢山できた、思い出に残る楽しい旅行でした。

シニアの結婚は良いことづくめ

あっという間の四年だったような気がします。

しかも二人とも、すでに三〇年も四〇年も一緒に暮らしてきたような感じがするのが不思議です。

お互いに気を遣わず言いたい放題を言い合い、たまに相手に腹の立つことがあってもすぐにどうでもよくなってしまうのは、やはり年の功なのでしょうか。それとも「愛」？（笑）

「旦那さまってどんな人？」とよく聞かれるのですが、そんな時は「自己評価一二〇％の人」と答えています。とにかくよく笑う明るい人で、これまで出会ったことのないタイプの男性です。誰かれとなく人懐こく話しかけ、ペラペラとよくしゃべります。社交的と言えば社交的。言わなくてもいいことまで口にするので、簡潔に用件だけ伝えるという能力にはちと欠ける気がします。

居酒屋さんなどでお酒が入るとすぐ隣の人と親しげに話し始めるので、人見知りな私はたいてい口をはさむ余地がなく、不愛想な奥さんと思われていることでしょう。

他人には愛想がよくても身近な者に気をつかうことはあまりないので、美味しいものがあれば一人でどんどん食べてしまいますし、やりたいことがあれば何の相談もなくどんどん実行すると言った具合です。

総合すると私にとっては、小学校五年生くらいの男の子と一緒にいるような気分なので、何も問題は起きません。むしろその無邪気さを微笑ましく思っているくらいです。人によっては、こんな自分勝手なブルドーザーみたいな人とは、とても一緒にいられないと思うこともあるでしょう。つまりは「規格外」の人なので、同じように「規格外」の私だからちょうどいいのかもしれません。

「俺に付いて来られるのは、あんたくらいなものだ」と言われましたが、自分でもそう思います。スカーレット・オハラの名セリフ「明日は明日の風が吹く」そのままの人生です。

聖書にも書いてあります。「明日のことを思い煩うな。今日のことは今日で足れり」と。まさにそれを地で行っているので二人とものんきなものです。

周りの人たちはいろいろ心配してくれているようですが、私たちは毎日楽しく幸せにくらしています。子どものことで思い悩んだり、将来の経済のこととか、仕事のことなど煩雑さの多かった若いころの結婚と違って、自分たちのことさえ考えていればいいシニアになってからの結婚はよいことづくめ。

どちらが先に逝くにしても、その時になって考えればいいことで、今から用意しておくのは「遺言書」くらいのもの。それぞれに子どもがいる場合は大事なことですね。面倒を避けるには「別姓婚」がおすすめです。まだ日本は遅れていますが、法律で認めるようになるのも時間の問題でしょう。

子どもを産むのでなければ入籍の必要もないわけですから。「大人」であるなら今更世間体もないでしょうしね。

終の棲家はいずこに？

一九九六年に北軽井沢の別荘地に移り住んだ時、そこが終の棲家になると信じて疑いませんでした。
高原の四季折々の自然の美しさに心を躍らせ、初めてのカフェの経営、地元の人々との交わり、畑仕事、実家のように遊びに来たり泊りに来る人たちとの交流、どれをとっても心が満たされ、楽しいことばかりでした。

ところが一七年目を迎えた頃に思いがけない骨折、長期の入院、その他の事情から東京へ戻ることとなりました。もともと東京生まれで東京育ちですから東京には友人も多く、文化も豊か、それに何といっても便利な都会暮らしはそれはそれで楽しく、やはり私は東京に骨を埋めるのだと心に決めたのは七七歳の時でした。

都会では自然と戯れる喜びはない代わりに、好きな演劇、映画、音楽、ダンス、友達との会合など都会ならではの楽しみもありますから、それはそれで幸せな日々でした。
それがひょんなことから八歳下の男性と再婚することになり、旅行で一回だけ行ったことのある九州に引っ越すことになったのです。

引っ越し屋さんが東京から九州への移動に「子どもさんの所へ行かれるのですか?」と言うので、「はい、そうです」と答えておきました。

「そのほうがいいですよ。うちのおふくろも一人暮らしで、いつも気になってるんです」

まあ、世間様はそう思うだろうな、とおかしくなりましたが、私は黙ってにっこり。

そして四年経ったところで、夫が突然田舎暮らしがしたいと言い出し、同じ県内の自然豊かな所に建つ大きな古民家(と言ってもまだ築六〇年ほど)を突然購入。それまでは私がいくら自然の素晴らしさを話しても興味を示さなかったのに、今ではすっかり自然づいて、ほとんどそちらに居を移してしまった感じです。

広い敷地の半分以上は農地で、富有柿をはじめ梅やびわ、甘夏、プラム、キウイ、ブルーベリー、晩白柚《ばんぺいゆ》など果樹が沢山あり、花の咲く木も桜をはじめ蝋梅、椿、バラ、つつじ、キンモクセイ、百日紅《さるすべり》と豊かです。

北軽井沢では借りた畑まで車で通っていましたが、ここでは庭で出来るので、私にとっても理想の場所。景色もとても良いところです。高原では夢だった果樹も、そして水が井戸水というのも嬉しいことです。

結局庭の手入れや家の中の掃除などで、私もそちらにいることの方が多くなり、今度こそ、ここが本当の終の棲家になるのではないかと感じています。

老人の中には新しい場所には行きたがらない人が多いと聞いていますが、私はどうやらそういう執着心が薄いようで、どこへでもひょいひょいと行けてしまうので何の抵抗もありません。今はすっかり野生に帰って毎日汗だくになって草刈りに精を出し、夫に「早く畑を作ってよ！」とハッパをかけています。

田舎の家に夫がつけた「愛感荘」という名前

初めての夏というのに、二年前から申し込んでいた日本一周二〇日間というピースボートのクルーズに行ってしまったため、広い敷地が草ぼうぼうです。

自動の草刈りカート、従来の刈払い機、充電式の中型のもの、小型のものと大小四台の草刈りマシーンを駆使して二人で手分けして作業しているのを見て、近所の方は呆れているようですが、当人たちは大変とも辛いとも思わず面白がっています。みるみるきれいになっていく庭を眺めるのは楽しいですから。

労働した後のごはんは美味しいですし、シャワーで汗を流してからの昼寝も爽快です。自然を相手の仕事は、それが生計を支えるものであればのんきなことは言っていられませんが、私たちのような年金暮らしの者にとっては楽しみ以外の何物でもありません。

町中でしか暮らしたことのない夫に、いくら私が体験した自然の素晴らしさを説いてもわかってもらえなかったのに、今ではすっかり自然派になって、庭をこんな風にしたいと夢を語るようになり、初めて本当の意味での「感謝」を体感している様子に私は心底嬉しい思いです。

無言の自然から「愛」を感じ、それに対しての「感謝」から、夫はこの家に「愛感荘」という名前を付け大きな表札まで作りました。

私としては狭心症という持病を持つ夫が無理をしないで、庭を流れる小川の整備やホタルを飼う夢、広い庭をハーブ園にするという計画が順調に進むよう出来るだけの手伝いをしたいと思っています。

そしてここが多くの人の喜びと憩いの場になってくれることを期待しています。天が与えてくれた豊かな恵みを大勢の人とシェア出来るのが、いちばんの幸せですから。

何があっても平常心でいられることが最高

「スピリチュアリスト」なんて言葉があるのかどうかわかりませんが、要するにスピリチュアルな考え方のもとに生きている人間という意味です。

つまりは自分（の本質である神性）を信じて、常にポジティブに「今この瞬間」をわくわくと生きている人のことです。

七六歳と八四歳のカップルが突然広い土地と家を購入したり、十数年は生きるであろうシェパードを飼い始めたりしたので心配してくださる方もおられます。そんな大きな家を、いったいいくつまで管理できるのか、と。

たしかに「一般的には」そう思われるでしょうね。

皆さん「先の心配」を常になさるでしょうから。

頭がおかしくなったか、あまりにも無謀、無計画と呆れられても仕方ないかもしれません。

でも私たちは実はあまり心配していないんですよ。

周りのスピリチュアリスト達からも心配の声は聞こえて来ません。「過去の後悔」と「未来の心配」はとうに卒業してしまったからでしょう。

人生は何が起きるかわかりません。

朝元気で家を出て行った人が、午後には霊安室にいることだって日常茶飯事。夕食のメニューを考えていたら、大きな地震が来て夕食は避難所のおにぎりってことだってあります。

いつ何が起きても不思議でないのが人生。今出来ることは「今を生きること」だけです。何があっても「ああ、こういうことなのね」と全てを受け入れ、平常心でいられることが最高！　と思っています。

第3章

今、結婚を考えている人へ

四〇代、五〇代の独身男女がとても多い昨今

人生一〇〇年と言われるようになったこの時代、結婚に関する考え方もこれまでとは違って来るように思います。

私が最初の結婚をした昭和の中期頃は、「クリスマスケーキにならないように」なんて言葉が流行っていました。

つまりクリスマスイブの一二月二四日までに売れないと（二四歳までに結婚しないと）売れ残りなどと言われた時代です。それで焦ったわけではないのですが、早く結婚させたがる母親の言葉に従って私が結婚したのは二一歳の時でした。

当時は高校を出たらしばらく「お勤め」をしてから二三歳くらいで結婚し、三〇歳

までには二、三人の子どもを産むというのが理想とされていました。女性の大学進学率がまだ二、三〇％だった頃のことです。

その後どんどん進学率は上がり、キャリアウーマンという言葉が生まれ、今や女性が働くのは当たり前の時代となりました。

仕事が面白くなれば結婚年齢が上がるのは当然。そこへ持って来てロスジェネなどと言われる世代に正規雇用が減って、結婚したくも出来ない人たちも加わり四〇代五〇代の独身男女がとても多い昨今です。

携帯電話やインターネットの普及と、積極的になった女性との出会いの機会が増えて、たやすく恋愛出来るようになった反面、その中身の深さがどの程度かは疑問。昔はあまりなかったストーカー被害や元の交際相手による犯罪などが跡を絶たないからです。

さて、そこで大いに利用されているのが結婚紹介所ですが、ここでは専ら相手に対する条件が主になっているようです。双方の職業や学歴、年収、身長、趣味などの希望を提出して合いそうな人を紹介してくれるわけですが、すぐに意気投合して結婚し幸せなカップルもいれば、何十人紹介されてもうまく行かず疲れ果てている人も知っています。

離婚の原因は一口で言えば相性が悪かったこと

私が中学生の頃、共同経営者だった親友に裏切られて借金だけ残された父はすっかり働く意欲をなくしてしまいました。

母が生活のため小さなお店を始め、兄弟のいない私は学校へ行く以外の時間は全て母と一緒に店で働き、それが結婚する日まで続きました。

夫となった人とは同じ大学のキャンパスで出会ったのですが、彼は家庭の事情で高校生の時から家を出て自活し、大学も自力で卒業しました。

お酒もたばこも呑まず、真面目な働き者で毎日のように熱心なラブレター（今は死語？）をくれる気持にほだされて、こんな頼もしい人ならと結婚を決めました。子ども三人に恵まれ、それなりに幸せな時もありましたが、結局はうまく行かず、四四歳の時に離婚しました。

借金も賭け事も浮気もしない人なのに、なぜうまく行かなかったのか。一口で言えば、前にも書いたように、相性が悪かったとしか言いようがありません。

思い当たることと言えば、お互いの育った環境の違い、それぞれが自分自身を知らなすぎたこと、自分自身を愛する大切さを知らなかったこと、お金に対する考え方の違い、子どもの教育方針の違いなどです。

逆に言えば、すべてがこの反対であればきっとうまく行っていたということでしょう。

その後、彼は初婚の女性と再婚し、子どもは持たず、自分の子ども達ともほとんど接触しないまま三〇年近く暮らして亡くなりましたが、きっと幸せであったことと思います。

私のほうは独裁的な夫の束縛から解放されて自由と自立の楽しさを知り、友達も大勢増え、自分で作っていたと知った「世間体」からも自由になって、豊かで充実した第二の人生をその後、三五年以上送りました。

そして八〇歳の時、思いもかけない第三の人生が始まったのです。

アラサン（傘寿）結婚はちょっと珍しいかも

アラサーとかアラフォーという言葉が生まれてどのくらいになるか忘れましたが、今ではアラフィフ（around fifty）も普通に言われるようになり、ついでのことにアラカン（around 還暦）もアラコキ（around 古希）も登場。

最近アラカンで結婚なさる芸能人がとても多いですね。

若いころに有名になり、仕事が面白くて夢中になっているうちに五〇歳をはるかに越えてしまったという方が、やはり恋愛だけでなくずっとパートナーと一緒にいられる暮らしをしたいと思うようになるのは、自然なことだと思います。

これは芸能人に限らずバリバリ働いてきたキャリアウーマンも同じ。

また独身貴族を楽しんできた男性の中にも、人生の半ばを過ぎたころにやはり気の合う女性と共に暮らすのも悪くない、と思うようになる方も少なくないと思います。

昔だったら「いい歳をして」などという世間の目に負けてしまったかもしれない日本人が堂々とその気持ちを表明するようになったのは、それだけ社会が「大人になってきた」証拠。

とても喜ばしい傾向だと思います。それに誰もが実際に一〇歳以上は若くなっているのは事実ですしね。

でも私のようにアラサン（傘寿《さんじゅ》）結婚はちょっと珍しいかもしれません。

四〇代半ばで緊張の毎日と束縛の辛さにサヨナラして離婚してからの三五年間、私は本当にのびのびとした一人暮らしを楽しんで来ました。

「自由とスピード」が命の射手座の人間にとって何よりも大切なのは、好きなことを好きなように、それも自分なりのペースで出来る自由さです。

誰にも遠慮のいらない一人暮らしが最高、と思って来たのですが、一緒に暮らす人が出来て初めて気が付いたことがあります。

私は一人っ子で兄弟姉妹の情は知らずに育ちましたが、友達は大勢いるのでひとつも寂しいと思ったことはなく、一日誰とも口を利かなかったなどという経験もありません。

でも自分では気づかずに、ぽっかり空いた大きな穴を抱えていたのです。

それは「張り合い」という穴でした。カフェを経営していたくらいですから、料理は嫌いではありません。でも食べてくれる人あっての料理なんですね。

自分だけのためには何か作ろうという気にならず、簡単なものか外食で済ますことが多かったと思います。ですから娘たちとか友達とか、だれか来るとなると張り切って料理をし、一緒に食べる楽しさを味わっていました。

何よりも嬉しいのは二人が同じ方向を向いていること

スーパーで仲良くカートを押しながら買い物をしているご夫婦を見ては羨ましく思い、一緒に映画を観たり旅行を楽しんだりできる人がいたらいいなあ、とは思っていました。

でも結婚して縛られるのはいやですし、この歳になって気の合う人を見つけるのも無理と諦めていたのです。

私にとっていちばん重要な「気の合う」は「スピリチュアリティを理解できる人」なのですが、理屈屋で唯物論者の多い男性でそんな人はなかなかいませんから。

それが思いもかけずいたのです。それも後になってわかったわけですが。

スピリチュアル系の本など読んだこともなく、興味もなかった人が私と暮らすようになってから私の持ってきた本を片端から読破し、「自分がこれまでにやってきたこと、考えたことが全部活字になっている！」と言い出したのです。

彼は若いころから神棚や仏壇を大事にする人で、毎朝お水を取り替え祝詞をあげたりお経を唱えることが日課でした。しかも仏様や神様と長々お話をするのです。そばにだれがいようとかまわず大きな声で、本当にそこに人がいるような感じで話すのです。そういう信心深さがベースにあったので理解が早かったのでしょう。

特に私の大好きなフィンドホーン（スコットランドにあるコミュニティ。教育機関でもありＮＧＯとしての活動もしている世界で最初のエコビレッジ）の創立者の一人アイリーン・キャディの遺した『心の扉を開く』という本が大変気に入って、毎日この本を読もうと言い出したのは彼のほうでした。

これはアイリーンが毎朝瞑想の中で受け取った「内なる神」からのメッセージを毎日一ページに綴ったものですが、それを毎朝食後に読む「二人読書会」はすでに四年間続いています。
途中からはそれだけではなく、長女夫婦から結婚祝いに贈られた「日本文学全集」（池澤夏樹個人編集）三〇巻のうちのどれかを数ページずつ読むことも加わりました。お陰で一人だったら一冊が四～五センチほどもある分厚い本を読むのはとても大変だと思うのですが、すでに一二巻以上読み終えました。古事記から始まって口語訳になった古典の数々、そして今ようやく明治時代の文学にまで来ています。

意見の食い違いや政治家の好き嫌いなど違っているところも沢山ありますが、ベースのところで考え方や価値観が同じならその他のことはあまり問題ではありません。趣味も共通なのは旅行と映画と麻雀くらいです。今は「自然が好き」も加わりましたが。

何よりも嬉しいのは二人が同じ方向を向いているということ。そして一緒にいて面白い、楽しいということです。
お互いに干渉し合わず、違いはそのまま受け入れて無理強いはしません。気に入らないことは率直に言葉にします。お互いに自分の方が「大人」だと思っているふしがあります。

そして密かに相手を尊敬していることも事実。つまりは幸せということでしょう。

五〇歳からが女としての人生

個人差はあってもたいていの女性が五〇歳前後で閉経します。

更年期障害とも合わせてもう女ではなくなったと落ち込む人が多いようですし、男性もそう思っているらしいです。

とんでもないこと！

確かに母親にはなれなくなりますが、これからが女として生きられるようになるじゃないですか。

なぜって、もう妊娠する心配がないからです。

子どもがほしくて妊活する方がいる一方で、妊娠しやすい体質のためそれを怖れるあまり、夫婦生活もままならない女性も少なくありません。私もその一人でした。避妊の方法はいろいろあっても完全なものはないと言われています。経済的にも心配なく、育児の環境も整っている夫婦は別として、宿った命を闇に葬りたくない女性にとっては妊娠はある種の恐怖でもあるのです。

ようやく安心して夫婦の愛を確かめ合うことができる時が来たのです。子ども達ももう成人しているか、そうでなくてもそれぞれの人生を歩み始めている頃でしょう。夫と二人の時間を大切にして暮らす穏やかな日々を楽しめばいいのです。ずっと独身で来た女性にとっては母親になる機会はなくなりましたが、子どもが必ずしも母親の幸福を保証してくれるわけではありません。

毎日のように報道されるさまざまな事件を見ればわかります。「持たぬ子には泣かされぬ」という言葉が昔からあります。前世で子沢山で苦労したので、今世では楽をしなさいということかもしれません。

「子はかすがい」という言葉もありますが、その反対のケースもあるのです。私の場合も夫婦喧嘩の原因はほとんどが子どものことでしたから、結局は離婚につながりました。

しかし、子ども達の前では出来るだけ喧嘩をしないようにしていたので、自分たちのことで喧嘩が絶えなかったことを子ども達は知らないと思います。


五〇代、六〇代の独身女性の皆さん、これからが女として輝く時です。

成熟した女性の魅力を理解しないような男性、「女は若いのに限る」などと言っている自信のない男性は相手にせず、大いに恋をしましょう。それには会話力がものを言います。豊かな感性も必要です。それまでの長い間の人生体験がものを言う時が来たのです。

顔だけでなく心も磨いて輝かしい熟年期を過ごしましょう。

それが楽に更年期をやり過ごす一つの方法であり、やがて来る老年期を楽しいものにし、愚痴や後悔とは縁のない、人生の最終章を飾る何よりの助走となるはずです。


私が誰も知らない土地に移住し、お店を始め、車の運転や畑仕事、インターネットに海外旅行、文章を書くことなど始めたのは、六〇歳を過ぎてから。全部初めての経験でした。

毎日をわくわくした思いで過ごすうちにどんどん心が若返り、元気になりました。宇宙は元気で明るい、真っ直ぐな生き方をしていれば必ず応援してくれることもわかりました。

六〇歳からならまだ四〇年ある人生です。楽しく悔いのない日々を過ごしましょう！

本当のアンチ・アンチエイジングとは

最近の新聞や雑誌の広告をみるとアンチエイジングがブームで「私、何歳に見えます？」などというコピーつきの笑顔美人の写真が載っています。

たいていは化粧品やサプリメントの宣伝だから、もっぱら肉体的なアンチエイジングに関するものばかり。

微細なエネルギーが心に影響を与えるフラワーエッセンスにもアンチエイジング効果をうたうものがあるそうで、心が若返れば当然肉体的にも良い影響があるのかもしれません。

私がいちばん「老け込んで」いたのは三〇代の頃だったような気がします。世間体を気にし、世間の常識に合わせて生きることに懸命で、自由も幸福感も感じられなかった頃です。

有名な言葉に「若さとは年齢ではなく心の状態を言う」というのがありますが、まさにその通り。

でも若さとは未熟と相通ずるものでもありますから、身体が老いても心が自由で成熟していればいいけれど、心が未熟な老人ほど始末の悪いものはありません。

そういう老人ばかりが長生きする高齢化社会はごめんです。

誰でも若い時はしわもなく肌もつやつやして美しいのは当然のこと。でもそれが自然の摂理でだんだんシミが出来たりしわが増えたり。鏡を見るたびがっかりするのは、私とて毎度のことです。

無駄な努力と知りつつも、たるんだ頬の皮膚を上へ引っ張り上げてはため息をついています。歳をとると顔色も冴えなくなり、口紅でもつけないと病人みたいに元気のない顔になるので、私も一応スキンケアやお化粧はしますが、ことアンチエイジングとなるとあまりしたいとは思いません。

自然現象は抵抗なくそのまま受け入れた方がラクだからです。

八〇歳を過ぎれば耳も遠くなり、歩くのも遅くなり背も丸くなって来ます。それでも心の中は好奇心でいっぱいですし、行きたい所があればどこへでも出かけて行きますし、いつもわくわくした気分で生きています。

いくら若作りをして綺麗にお化粧しても、いつも人の目や世間体を気にして周りに合わせることばかりしていたり、自分のポリシーもなく生きていたら心の中は老婆です。

オシャレ心は失わず、見苦しくないような身だしなみさえしていれば、いつだって若くいられます。

老いるとは情熱がなくなった状態とも言えます。自分のことだけでなく、社会のため、他人のために何が出来るかを考え、喜びをもって行動することがある時に、心はいつも若々しくなり表情もイキイキとして来るはずです。

目が悪くなったらメガネの助けを借りて本も沢山読みましょう。それが本当のアンチエイジングです。

熟年・老年婚のすすめ、ただし動機は「愛」で

離婚してから四〇年。自由で気ままで、好きなように生きられる「おひとりさま人

生」を大いに楽しんで来た私が、なぜ八〇歳にもなってまた結婚しようなんて思ったのか。それもあまり深く考えもせず決めてしまったのか、未だに不思議でなりません。

高原の森の中でのカフェには私の作る料理を食べに来てくださるお客さんがあり、冬の閉店期にも時々泊まりに来る子ども達や孫、友人たちがいて、食卓が賑わうこともありましたが、七七歳からの東京でのワンルームマンション暮らしではあまり料理をする気にもならず、便利でもあることからけっこう外食が多かったと思います。広い庭を眺めたり、車で温泉に行ったりすることもできず、かと言って一人旅の趣味もありません。

ふとこんな時、作った料理を一緒に食べたり、どこかへ一緒に旅行に行ったり映画や美術館などに行ける人があったらいいなあ、と思ったことがあるのは事実です。でも結婚まではしたくない。縛られるのはいやだから。自由な身で時々会ったり、たまに旅行に行ったり、あとは電話やメールか手紙でのお付き合いが出来る人がいたら理想的、と思っていました。

こう思っている熟年・老年の方は多いのではないでしょうか？

パートナーはほしいけど結婚までは、と思うなら私たちのように、入籍なしで別姓婚にすればいいのです。

最初から「後妻業」を考えている人は論外ですが、そのほうがそれぞれの家族にとっても気が楽でしょう。世間体が悪いなんて思っている人は昔人間です。

堂々としていればいいんですよ。

自分が幸せでいられることがいちばん大事なことです。

ニュージーランドでは三〇代の女性首相が事実婚で出産している時代です。

「家庭が崩壊する」とか「日本の伝統だ」とか言って「選択的夫婦別姓制度」を実現しようとしない、頭にカビの生えたような爺さんたちが法律を作っている日本は、どんどん置いて行かれてしまいますよ。

同じ姓なのに親子・兄弟・夫婦が殺し合っている事件が毎日のように新聞を賑わせているではありませんか。

一体感は苗字なんかではなく「愛」が作り出すものです。形だけ「一体」で、愛のかけらもない家庭が山ほどあるのではないでしょうか。

若い時と違って歳を取ると表面的なことよりも相手の「人間性」に目が向きます。そしてそれを見分ける洞察力もお互いに深まっていますから、自分に合う人かどうかもわかります。

無事何十年も寄り添ってこられた方は別として、途中で挫折したり、別れたり、死別した方は、どんどんパートナーを見つけて幸せになってください。

ただし動機は損得勘定や功利的なことではなく、あくまでも「愛」であってほしいですね。たとえそれが若い頃の情熱には及ばないにしても。

お互いの間に「尊敬」と「信頼」さえあれば大丈夫です。一緒に暮らすうちに愛は静かに深まって行きます。

「私もまだ役に立っている」という思い

夫と一緒に暮らすようになって驚いたことがあります。シャツやパジャマの衿がみんな黄色いのです。漂白剤につけても白くなりません。

仕方がないので、みんな捨てて新しいのを買いました。

夏が来て謎が解けました。汗びっしょりになったシャツをハンガーにかけて干しているのです。濡れただけだから干せばまた着れると思っていたらしいのです。

あわてて洗濯機に放り込みました。

家事は全部奥さんまかせだった人が、突然一人になるとこんなものなのですね。

「男子厨房に入らず」で育てられた九州男児です。無理もありません。

電気炊飯器の内釜についている目盛りの意味も知らなかったそうで、お米は計量カップで測っても水加減は適当にしていたと言います。

これは最近まで知りませんでした。

私のいない時、一人で何度もご飯を炊いていますが、固すぎも柔らかすぎもなかったのは天才としか言いようがありません。

「内釜のあの数字は何のためについてるの？」と言われた時はびっくり仰天しました。

洗濯機に洗剤と柔軟剤を一緒に入れていたそうですし、お風呂の口火をつけたまま消すのを忘れていたらプラスチックの浴槽が溶けてしまった話など聞くと、ああ、私が来てよかったなと思うのです。一人暮らしは自由でのんきで天国でしたが、私でも誰かの役に立っているという思いはそれにも増して私を幸福にしてくれます。

そういう私も人のことは言えません。人からはとてもしっかりしているように見られるのですが、ドジにかけては人後に落ちません。忘れ物、なくしもの、勘違いは日常茶飯事で、そういう時に限って夫に見つけてもらったり、助けてもらったり、お互いに助け合っています。老年夫婦は一＋一＝一人前なのですね。

第4章

シンクロという言葉が引き寄せたもの

生き方が宇宙の法則と合うとシンクロが起きる

シンクロ（ニシティ）とは心理学者のユングが言い出した言葉として有名ですが、日本語では共時性とか同時性とも言います。つまりこの現実の世界と見えない世界とがシンクロナイズして起きる「意味のある偶然」というふうに説明されています。

誰でも日常の中で一度や二度は体験しているはずですが、ただびっくりしたり単なる偶然と思うだけだとそれまでのこと。それをシンクロとして捉えて喜んだり嬉しがったりするとどんどん起きて来ます。というより気がつくようになると言った方がいいでしょう。

ですから私はそれを「楽しい偶然」と呼んでいます。

楽しんだり、嬉しがったりすると宇宙はどんどん起こしてくれるような気がするのです。

私と夫を結びつけたのもこの「シンクロ」という言葉でした。

彼が事業を思い切って広げた時に、それを応援してくれるかのようにほしいと思っていた機械がパソコンを開けたとたんに目に入って来たり、めったに来ない人が訪ねて来て注文してくれたお陰で資金が順調にまわり始めたりと、いろいろな幸運が続いたので不思議でならないという話をした時に、「それはシンクロというものです」と言った私の言葉が、まさに彼の未知の領域を目覚めさせたのです。

そして私も彼の言葉に感心しました。

「企業というのはね、儲けるためにするんじゃないんだよ。人を喜ばせるため、世の中の役に立つためにするんだよ。次に大事なのが従業員の生活を守ること。自分の給料はそれからでいいんだ。そうすればお金はあとからついて来る」

きれいごとで言っているのではないことは、それまでの彼の言動からわかりました。

彼は知らずに宇宙の法則と合致する生き方をしていたのです。それでシンクロが起き、事業は成功し、リタイヤした後も成長を続けているのです。
二代目に譲ってからは全く未練がなく、会長職もさっさとやめて今は念願の田舎暮らしを始めて、広い庭を利用しての家庭菜園と、ハーブ園作りを目指しています。北軽井沢で畑仕事を楽しんでいた私にとってもそれは願ってもないことで、余生の日々をお互いに助け合いながら感謝と共に過ごしています。

つまり「楽しい偶然」であるシンクロは、宇宙の意志にこちらの思いが呼応した時や、なすべきことをした時に起きるものだというのが私の考えです。直観を信じて行動したり、人生の流れに抵抗せず乗ってみたり、利他の精神で生きているとシンクロは起きやすい気がします。

最初はシンクロという言葉も知らなかった頃からの、私の身に起きたシンクロ体験のいくつかをご紹介しましょう。

私のシンクロ（ニシティ）体験

その①　父のお葬式での出来事

私が四三歳の頃でした。一〇年ほど前から病気で入退院を繰り返していた父が七一歳で亡くなりました。お葬式のため近くの葬儀屋さんに連絡をして実家の宗旨が浄土真宗であることを告げ、お坊さんに来ていただきました。

お通夜のお経をあげに来てくださったそのお坊さんと母が話すうち、父の先祖が代々お寺であるという話になり（父の祖父、つまり私の曽祖父まで住職でした）お坊さんからそれはどこですか？　と聞かれました。

母が愛知県のある町の名前を言うと、更にお寺の名前を聞かれました。

私の祖父はお坊さんにはならず別の職業についたのですが、その兄弟はどこかの廃寺の住職になったり姉妹はお寺に嫁いだりしたという話を、私も祖母から聞いていました。でも本家のお寺の名前は知りません。

母は覚えていて「○○寺です」と答えると、そのお坊さんがひっくり返りそうになって驚きました。

「お宅、本多さんですよね？　○○寺の本多さんですか⁉　うちの先代はその○○寺の本多さんです！」（本多は私の旧姓です）

今度は私たちがひっくり返りそうになりました。

いったいどういうこと⁉

その先代という方はたまたま遠い愛知県から旅をして来たのでしょうか、東京のはずれの、近くにあっても私たちさえ知らなかった小さなそのお寺に泊まったことが縁で、そこの住職になったのですが、若くして結婚もしないまま亡くなったので、○○寺とご縁のある現在のお坊さんが後を継いだということでした。

お葬式が済んだ後、私はさっそく調べ始めました、そしてわかったことはその「先代」と言うのは何と父の又従兄弟《またいとこ》にあたる方だったのです。

この話にはまだ続きがあります。

その翌年私たちは離婚し、夫はその後再婚して三〇年後東京の世田谷区で病気で亡くなりました。そしてそのお葬式に来てくれたお坊さんは、父の葬式に来てくださったお坊さんの息子さんだったのです！

父も元夫も全くの無神論者だったのに、この偶然は何なんでしょう。

そして私がスピリチュアルなことに興味を持ち本を読み出したのは、ちょうど父の死と離婚が続いた頃のことでした。

その②　愛犬ウイッキーとの出会い

私は五〇代のはじめ頃、原宿の日本語学校で日本語教師をしていたことがあります。

当時横浜市に住んでいた私は、バスと電車を乗り継いで通っていました。

いつもは自宅の前のバス停から乗るのですが、その日に限って一つ手前のスーパーに寄ってから行くことになりました。

スーパーの前には時たまペットショップが店を出していますが、別に動物好きというわけでもない私はいつも横目で眺めながら通り過ぎていました。しかし、その日はなぜか近寄って行って、値段のつけられた子犬や子猫をしげしげと眺めました。


これまでの住まいはペット禁止だったけれど今は母が建てた建物に住んでいるので、飼おうと思えば飼える。命をお金で買うことには抵抗があるけれど迷い犬がいたり、誰かがくれると言ったら飼ってしまうかも……などと、いつになくしきりに犬のことを考えながら原宿へ向かいました。


学校に着いて教室へ入って行くと、前に私の家へ遊びに来たことのある二人のフィリピン人の女の子が近づいて来て言いました。

「先生、犬もらって」

「えっ？　どういうこと？」

「近所の家で生まれたのでもらって来たけど、大家さんにみつかって怒られたの」

私は即座に言いました。「いいわよ」

もうすっかり心の準備が出来ていたのです。

こうして生後二カ月のヨークシャーテリアとマルチーズのミックスが我が家の一員となりました。名前は二人の名前を取って、すでにウイッキーとつけられていました。

それから一四年、人懐こくて滅多に吠えないウイッキーは多くの人に愛され、私にとっては最初で最後の愛犬となったのです。

その少し前に読んだ雑誌の、今は亡き河合隼雄さんと遠藤周作さんの対談の中で初めて知った「共時性」というのは、こういうことを言うのだと実例を見せられた思いでした。

その③　自然食のお店で起こったラッキー

日本語教師をしていた頃、自宅の隣りに貸店舗が出来ることになり、私は通勤をやめてその一軒を借りて自然食品の店を始めることにしました。
五年間その店をやっていた間にも、数々のシンクロを体験しました。

(1)三日後に三〇万円ほどの支払いをしなければならないことがありましたが、一日の売り上げがせいぜい五、六万円ほどしかない小さな店です。どう考えても無理。銀行に預金があるわけでもなく「どうしよう」と悩んでいると、なぜかその時に限っていつもより多くのお客さんが来てくれて、三日後には支払額ぴったりの売り上げになっていました。このようなことは何度かありました。

(2)食品には賞味期限があるので、仕入れてから日数が経つのに売れないものがあるのも悩みのタネです。カボチャやヒマワリの種のような地味なものは出足が遅く、その日も棚に並んだその種の商品をぼんやり眺めていたら、午後になってそればかりが売れて、あっという間に全部売り切れてしまったことがあります。

(3)ふっと、よく来店されていたお客さんのことが頭に浮かび、そういえば最近ちっともいらっしゃらないけどどうしたのかしら？　などと思っていると、入り口の戸が開いて、そのお客さんが「こんにちは！」と入って来られたなんて経験も何度かあります。

その④　北軽井沢と「一七年」の不思議

軽井沢駅から国道一八号、一四六号を四〇分ほど行くと浅間山の北側標高一一〇〇メートルの所に位置する北軽井沢の別荘地があります。軽井沢は長野県ですが、こちらは首都圏の群馬県になります。

ここにまだ私たちが若かった頃に山荘を作ったのは一九六四年東京オリンピックの年でした。それからは毎年夏休みはそこで子どもたちと一緒に過ごすのが常でしたが、一七年後に離婚してからはそこは夫のものとなり、私も子どもたちも行くことがなくなりました。

しかし私にとっては心のふるさとのような場所で、再びその地にある友人の別荘を訪ねたのは一七年後のことでした。

その翌日、数々のシンクロが起こって、思いもかけず、その近くに土地を買うことになり、その翌年から一七年そこでの生活が始まったのです。長年ペーパードライバーだった私が毎日車を運転し、夢だったカフェの仕事。

畑を借りて初めての農作業。泊まりに来る大勢の友人たち。四季折々の自然の美しさ、そしてその自然が与えてくれる感動と感謝の日々。思ってもみなかった素晴らしい生活でした。

そしてそこでの一七年が私の魂を大きく広げ成長させたのです。

その⑤　お世話になった人との出会い

軽井沢に引越しをする直前、次女の紹介で出会ったある自然食品店の方から、その方のお友達が北軽井沢でペンションを始めるので今建築中と聞き、引越しが落ち着いた頃訪ねて行きました。私の家から車で数分の所でした。

珍しいドーム型の建物で、出て来た青年がオーナー。お互いに自己紹介をするとなんと同じ横浜の町の、それもやはり車で数分の所に住んでいたことがわかりました。

紹介してくださった方のお店の名は「オリーブ」、私が営んでいた店の名は「オリーブハウス」です。

ドーム型ペンションのNさんご夫婦とはその後ずっと仲良くしていただき、スピリチュアルな話や酵素玄米など共通のことが多く、畑も隣同士でとてもお世話になりました。

カフェのお客さんはやはり東京からの方が多く、お話をしていると、私の小学校時代の同級生の妹さんだったり、その方のお母さんが私の母と友達だったり、また、ある方は私が二〇年住んでいた団地のすぐそばで生まれ育った方だったり、共通の知り合いがいたり、その方の趣味を通じてのお友達が私の友人の娘だったりと人間関係のシンクロが沢山ありました。

その⑥「あなたは本を出すことになります」

二〇〇一年に作ったホームページに時たま書いていたエッセイが大分溜まったので、これを本に出来たらいいなあ、とひそかに思っていた時期がありました。

もちろん誰にも言わず心の中で思っていただけでしたが、その頃チャネラーのK子さんがご家族やお友達と泊まりにいらっしゃいました。

その日は夕方シリウスからの特別なエネルギーが地球に降り注ぐ日とあって、その時刻にみんなで瞑想をすることになりました。

はじめにK子さんが短い誘導瞑想をしてくださることになり一同目を閉じていると、途中でいきなり「尚さん、あなたは本を出すことになります」と言われたのでびっくりしました。

「それは多くの人を助ける本になります」とも言われ、ただただ驚くばかりでした（その時青い光が見えたといった方がありました）。

後から「ごめんなさいね。突然言葉が降りて来てしまったの」と言われましたが、迷っていた心が決まって、私としてはとてもよかったのです。

さっそく自費出版を専門にしている会社に連絡を取り、東京の新宿にあるその会社に原稿を持って行ったのはそれから間もなくのことでした。

そしてその帰り、以前から行ってみたいと思っていた「予言カフェ」に行くと、その方に言われたのです。「あなたはいろいろな体験をして来ましたね。そろそろそれを人に伝えて行く時期が来ています」と。何と言うシンクロでしょう。

そしてそれから何カ月か後に、私の最初の本『やすらぎの森—北軽井沢からのカウンセリングメッセージ』が出来上がったのでした。

そして今それをベースにしたこの本が作られようとしています。

その⑦　落とした真珠のイヤリングが

北軽井沢に住んでいた頃毎月のように上京していましたが、泊まるのはいつも台東区の谷中に住む次女の家でした。日暮里駅の北口から五〇〇メートルくらいの所です。

その日は娘が出勤した後、クラス会へ出席するためお気に入りの真珠のイヤリングをつけて出かけました。二つの真珠がつながって少し揺れるようなタイプです（とうとうピアスにする勇気がなくてずっとイヤリングです）。

北口には二箇所改札口へ行く階段があり、いつもは娘の家に近い方を利用していますが、その日は郵便局に用があったので、いつもの入り口を通り越して歩いて行きました。

そのイヤリングは片方が少しゆるくてはずれる心配があるのでネジをきつめにしていましたが、ふと気になって耳に手をやると、ありません！　落としたのです。

そこですぐ回れ右をしてもと来た道を探しながら戻りました。娘の家まで戻り、部屋の中にも入りましたが、ありません。しかたなく引き返し、もう一度ずっと下を見ながら駅まで戻りましたが、やはり落ちていません。

もう郵便局へ行く時間はなくなったので、いつもの入り口から入ろうとふと足を止め、何気なく下を見たら、あったのです！　左右の靴のちょうど真ん中に！　あー、よかった、と思わず小躍りしそうになりました。こんな偶然ってあるでしょうか。

その⑧　「シンクロ」という言葉が引き寄せた夫との縁

人間関係のシンクロと言えば、これが私にとっては最大のものと言えるのが夫との縁でしょう。

私が言った「シンクロ」という言葉に彼が惹かれたことは前にお話しいたしました。そして結婚を決めて九州の彼の家を初めて訪れた時、なぜか全く違和感がなかったこと、そしてまだ間もないのにもう何十年も一緒に暮らして来たような親近感と気安さ、オープンさにお互い驚いています。

自分の人生での大事なことは誰にも相談せず常に直感で決めて来たので、彼と結婚するという決断も三週間後に船を下りて自宅へ戻るまでは誰にも知らせませんでした。横浜の港に迎えに来てくれた娘にも言わず、その夜娘とその婚約者、そして親しくしていた共通の友人が来て一緒に夕食を摂った時に初めて報告したのですが、その瞬間に娘と同時に思い出したことがありました。

ちょうど一〇年前の七〇歳の時、知り合いのインド占星術をする人から「八〇歳の時に、年下の人との出会いがある」と言われていたことを。そんなことあり得ないとすっかり忘れていたことでした。

第5章

自分を変えた軽井沢

都会育ちの私が北軽井沢へ突然の移住

一九九五年の夏――。

三カ月前に八十二歳の母が亡くなって一人暮らしになった私は、以前から誘われていたけれどなかなか行けなかった北軽井沢の友達の別荘に二泊三日で出かけました。そこは昔若かった頃、夫と二人で小さな山荘を作り、毎年夏になると子どもたちと過ごした思い出深い場所でした。

しかし、離婚を境に、私は心から愛してやまなかった北軽井沢に二度と行くことはなくなったのです。


それは、十七年ぶりの訪問でした。車を降りたとたん、懐かしい樹木の香り！　それは、初恋の人との再会にも似たときめきでした。その時、自分でも気づくことのなかった、私の中のどこかのスイッチがオンになったのだと思います。

翌日、町に出かける友人の車の助手席に座って外の景色を眺めていた私の目に「売り地」と書かれた貼り紙が飛び込んできました（いつもならサーッと走り去ってしまう道路が、その日に限って渋滞していたのです）。

それは、私でも手の届きそうな、とても安い値段の土地でした。興味を持った私は、通りすがりの不動産屋さんの前で車を停めてもらい、それがどこなのかを尋ねました。不動産屋さんは親切に地図を広げて説明してくれましたが、それは別荘地とはほど遠い場所で、しかも湿地とのことでした。

お礼を言って店を出ようとすると、

「土地を探しているんですか？」

とご主人の声。

「いえ、別にそういうわけでは……」

「もしお時間があれば、あれほど安くはありませんが、この辺りにも手頃な土地がありますから、ご覧になりませんか」

どうせ暇な身。冷やかしてみようかと友人と二人でご主人の車に乗り込みました。

何カ所か見せてもらったけれど、別にどうということもなく戻ろうとした時、ご主が、

「そうだ、もう一カ所あります」

と言って案内してくれたのが、旧軽井沢の三笠の辺りによく似たからまつ林でした。

その前に立った瞬間、強烈なインスピレーションが来ました。

値段を聞くと、私が持っていた貯金の全額とピッタリ同じです。その時第二のスイッチが、今度は音を立ててカッチリと入ったのです。

「私、この土地を買います」

「エッ⁉ ちょ、ちょっと待って。大根買うみたいに決めないでよ」

と友人。不動産屋さんもビックリしたようです。

「ここならオーナーズビラが周りに沢山ありますから、喫茶店も出来ますよ」

という声で思い出しました。以前喫茶店をやりたくて設計図まで出来ていたのに、事情があってやむなく中止したことを。それが不完全燃焼していたのでしょう。

「じゃ、喫茶店もやります。ここに引っ越して来ますよ」

私の人生が、思いがけない方向に大きく変わった瞬間でした。

カフェ「フルール」は母の名前から

さて、土地は買ったものの、家を建てるお金は一銭もありません。でも、借りることができたのです。

八カ月後、自宅と店が一体になった可愛らしい家が出来上がりました。四方にあるどの窓からも豊かな緑が見え、家中に風が流れるとても気持ちの良い家です。

何も調べずに買った土地なのに、住んでみると全てＯＫであることがわかりました。周りには結構湿地が多いのに、ここは乾いています。夜は真っ暗になるのを覚悟していたのに、なぜかうちの横の通りだけは外灯が並んでいて、お陰でうちの庭は夜通しほんのりと明るいのです。

テレビも普通は二局ぐらいしか映らないのに、なぜか東京のチャンネルがそっくりそのまま見られます（その後、冬になった時には素晴らしく日当たりが良いこと、林に守られて風が全く吹かないので、とても過ごしやすいことがわかりました)。

店の名前はすぐに決まりました。「フルール」はフランス語で花という意味。前年に亡くなった母の名前は「花」。そう、母への感謝の気持ちを込めてつけた店名です。

さあ、次はメニューです。

まず、いつも自分が飲んでいる有機栽培のコーヒーや無農薬の紅茶を出そうと思いました。その前年まで横浜市の栄区で自然食品の店をやっていたので、その時扱っていた食材や調味料を使ったもの、そして食事は玄米と決めていました。雑穀を入れて圧力釜で三十分で美味しく炊く方法を知っていましたから。

ところが友人に「長岡式酵素玄米でないならやめたほうがいい」と言われ、やっぱりそうか、と思い開店直前に急遽東京まで講習を受けに行きました。

酵素玄米のことは以前から知っていましたが、炊くのが大変そうなのと、道具を揃えるのにお金がかかるので、ずっと躊躇していたのです。

でも、それは正解でした。皆さんが「これ、ほんとに玄米?」と驚くほど、これまでの玄米のイメージを一新する柔らかさ、美味しさだからです。

どんなおかずでどんなレイアウトにするかは、食器を買いに行った時にすぐイメージが浮かびました。お客さんからはセンスが良いとよくほめられました。

近くの農家から畑を借りて無農薬の野菜を作り、それを調理していましたが、美味しいと言われるのは何よりの喜び。手間ひまだけはかけて心を込めて作っていました。

憧れの場所・軽井沢

私が初めて軽井沢という地名を知ったのはかなり昔。小学校の四年生頃、まだ戦争中のことでした。当時目の大きな若い頃の浅丘ルリ子さんのような美少女の絵を描く画家の中原淳一さんが発行していた『ひまわり』という少女向けの雑誌がありました。

毎日空襲警報のサイレンにおびえていた灰色一色の世の中で、そこだけは美しい夢のような花園でした。そこには軽井沢に別荘のあるお嬢様の話や、洋館の窓から聞こえるピアノの音、ちょうちん袖にひらひらのフリルのついたドレスなどの憧れがいっぱいに詰まっていて、しばし夢の世界に遊ぶことができたのです。

戦争が終わり、憧れの軽井沢へ初めて行ったのは高校二年生の夏。その年に卒業生で有名なバイオリニストの方が、お祖父様から譲られた別荘を母校に寄贈され、食堂などを増築して学校の夏季寮となったからです。

ショートパンツに麦藁帽子で二人乗り自転車にまたがってポーズを取っている写真が残っています。

場所は中軽井沢駅（当時は沓掛と言っていました）に程近い星野リゾートのあたり、ホテル『ブレストンコート』や『石の教会』に近い所です。

キリスト教の学校でしたので、各学年十数名ずつ「修養会」と称して交代で二泊三日ほど行くのがとても楽しみでした。

卒業してからも毎夏必ず一回は短い旅行をしましたし、結婚してからも、子どもが生まれてからも夏には必ず二泊くらいは行っていました。

若かった日、子ども達と楽しい夏休みを過ごした場所

当時、東京の晴海団地に住んでいた私たちは庭のある家に憧れていましたが、なかなか夢が果たせません。そんな時北軽井沢の土地の分譲広告が目に留まりました。一九六二年のことです。さっそく見に行き、二〇〇坪の土地を月賦（今で言うローン）で購入しました。

土地さえあればテントを張ってキャンプしてもいいと思ったのです。

ところが当時サラリーマンの初任給が一七〇〇〇円くらいの時にテントはその三倍くらいしたのです。すると近くのキャンプ場が閉鎖になり、不要になった六畳一間のバンガローを同じ値段で敷地まで運んでくれるという情報が入って来ました。

さっそくそれを購入。電気と水道は敷地内まで引かれていましたから、翌年の夏、

小さな流しを買って夫が畳半分の広さの炊事場を作ってくれました。
ご飯はブロックを積んだかまどで木の枝で炊き、煮炊きは七輪に炭をおこしてしました。トイレは穴を掘り、ビニールトタンで囲って屋根をつけ、お風呂は近くのホテルや旅館へ行って、初めての夏休みを過ごしました。

私たち夫婦は三〇歳と二八歳、長女が五歳、長男が三歳。正確には五畳半のバンガローで、それでも楽しい夏休みを送ったのです。
生まれて初めての豊かな自然の中での生活がすっかり気に入った私たちは、翌年東京オリンピックの年に、トイレとお風呂のある小さな家を、またもや月賦で建てることになり、バンガローとの間はコンクリートの土間と屋根でつなげました。

バンガローはその後毎年やって来る私の友人たちの子どもらの遊び場となり、ある夏などは幼稚園から小学校五年生までの男の子が九人そこで雑魚寝をして大はしゃぎだったことがあります。

あれから五〇年以上が経ち、その少年たちの中から日本アカデミー賞にノミネートされた映画監督や、音楽プロデューサー、整形外科医、会計事務所長、建築家などが生まれています。

野菜作りの畑が教えてくれたこと

一九九六年の春、北軽井沢の別荘地に一人で移住した私は、前からの夢だった野菜作りを始めました。畑は近所で長く有機農業をやっていた農家の方から借りて、何の予備知識もなく始めたのですが、土がよく肥えていたお陰で二〇種類以上の夏野菜が山ほど採れました。

そこで採れた野菜を料理して酵素玄米と一緒にお店で出すのが、とても楽しい日々でした。毎朝開店前に畑に行くのが楽しみでしたが、私が行くと野菜たちが喜ぶのがわかるのです。

もちろん声は聞こえませんが、キャッキャッと言って喜んでいるのが感じられるのです。中でも高原名物のモロッコいんげんは育つのが早く、採りそこなうと翌日にはもうかなり大きくなってしまいます。

するといんげんに怒られるのです。「なぜ私がいちばんきれいな時に採ってくれないの？　こんなに太っちゃったじゃないの⁉」という無言の声が聞こえて来ます。「ごめんね、みつけられなくて」と謝りながら摘み取って、「太ってても大丈夫よ。ちゃんと野菜カレーに入れて使うからね」などと私も心の中で答えていました。


最盛期には本当に沢山成るので、よーく目をこらしたつもりでも柵の後ろに回ってみたり下から見上げてみると、葉の陰などに隠れてまだ沢山採りごろなのが残っていることがあります。

つまり物事は視点を変えて見ることが大切。角度を変えて見れば見えなかったものが見えてくる、気づかなかったことに気づく、ということですね。

また、同じタネの袋から同じ時に同じように蒔いたタネでも、芽が出てくる時期も、育つスピードもみんな違います。それぞれに個性があって、せっかちさんとのんびりやさんがあるのです。ましてや人間の子どもだったら……みんな同じように育つわけがありませんよね。

子育てする前に知っておくんだった、と思いましたが手遅れでした。
畑は人間が耕しますが、人間の心を耕してくれるのは畑なんですね。

「畑の天使からのメッセージ」

畑で無心に草取りをしたり種まきや収穫をしていると、心の奥底から言葉が浮かんで来ることがあります。
自分でも「なるほどね」と感心してしまうような内容なので、決して私の脳ミソが考え出した言葉ではありません。

「真実」としか思えないような内容なので、そういう時はすぐ家に帰って書き留め、それに「畑の天使からのメッセージ」と名付けました。

●真の自分に気づき、感じ、共にあることで得られるものは心の平安

自分で自分だと思っている自分は本当の自分ではありません。本当の自分は、自分では認識出来ない領域に存在しています。その領域は誰の中にもありますが、その扉のありかにみんななかなか気付きません。

その扉を開け、真の自分に気付き、それを感じ、常に共にあることで得られるもの、それは心の平安です。

どんな嵐が来ようと大波にもまれようと、びくともしない安定した心の平安です。

●真実の自分の声を信じなさい

真の自分の声に耳を澄まし、その声に素直に従って行動した時、全てはスムーズに実行されます。必要な人、モノ、お金、情報が必要な時に必要なだけ与えられます。だから何も心配はいりません。真実の自分の声を信じなさい。

●そこにフタをしているのはあなた自身です

あなたがたの心の奥底には光り輝く「喜び」が外へ出ようと出口をさがして渦巻いています。そこに寂しさや怒りでフタをしているのはあなた自身です。

●真の自分とは全知全能であり、神の領域に

真の自分とは永遠に不滅のたましいであり、全知全能であり、「神」と呼ばれる領域に存在します。

●自分を愛せるようになると誰もが愛してくれて、誰をも愛せるようになる

自分で自分を愛せるようになったら誰からの愛も必要ではなくなりますが、誰もが愛してくれるようになります。そして誰をも愛せるようになります。

●自分の全てを許し受け入れる時

自分の全てを許し受け入れた時、人の全てを許し受け入れることが出来るようになります。

人を愛し受け入れることと依存させることは違います。

●祈りとはゆだねること

祈りとお願いとは違います。祈りとは宇宙に降参することです。宇宙に対して無力になること、それがゆだねるということです。

●宇宙のモノサシと人の世のモノサシ

宇宙のモノサシと人の世のモノサシとはまるで違います。時には正反対のこともあります。

●起きることとは全て良きこと

人生で起きること、過ぎてしまえば全て良きことです。

●宇宙の法則に沿って生きる

宇宙の法則に沿って生きる時、その人は美しいオーラに包まれ真の幸福を味わいます。それは責任や義務や社会の規範だけで生きていたのでは味わえないものです。

●知識は世のため人のために用いて初めて智慧となる

本を読むことは大切ですが、そこで得た知識を実生活で生かさなくては何もなりません。知識は世のため人のために用いて初めて智慧となります。智慧は自己を育て豊かにする肥料です。

思わずこみ上げてくる感謝の念、そして歓び

自然の中の暮らしで学んだこと、気づいたことは沢山ありますが、中でもいちばん大きかったことは「対象のない感謝」の思いです。

愛とか感謝という言葉は常に目や耳にしていてわかったつもりでいましたが、それ

はただ言葉として知っているだけ。

日常の中で誰かに何かいただいたり、親切にしてもらった時に感謝するのは当然でしたが、それにはいつも感謝する対象がありました。


しかし、冬を迎える前に翌年の春に出す芽を黙々と準備している木々や、蒔いた夕ネから小さな芽を出し、やがて食べきれないほどの実りを与えてくれる野菜たち、それを育てる土を肥やしてくれる微生物たち。

ああ、人間は多くのものに助けられて生きているのだなあ、としみじみ感じる時に思わずこみ上げてくる感謝の念はそれまでに味わったことのないものでした。空を仰いで思わず声に出して言ってしまいます。


「ありがとうございます。ありがとうございます。こうしていのちをいただき今日も健康で働くことの出来る幸せを心から感謝いたします」と。そんな時、心の中は歓びであふれます。

物質的なものでの喜びとは段違いに、大きく豊かなわくわく感です。

するといつでも感謝が出来るようになり、秋になって畑仕舞いをした後は畑に向かって「ありがとうございました」。一年の終わりには家中に向かって頭を下げ「ありがとうございました」。

使い古した道具や衣類を捨てる時も「ありがとうございました」と言うようになり、そのたびになぜか感動で涙が出て来てしまうのです。

自分の変わりように自分でもびっくりしました。

幸福とは心のあり方、自分の思い方次第

そうするといつも心の中が明るくなり、イライラしたり過去を振り返って後悔したり、将来を不安に思う気持もだんだん薄くなっていっていつも平常心でいられるようになりました。

これが「畑の天使」の言う「心の平安」というものでしょうか。それさえあれば、周りの状況がどうであれ、いつも「幸福」でいられます。つまり幸福とは心のあり方なのですね。

幸福でいたいと思えばいつでもなれることを知りました。すべて自分の思い方次第なのですね。誰かにしてもらうものでもなければ、してあげられるものでもありません。

「愛」も同じ。感じ取るものだと思います。与えてもらうものではなく、自分で感じ取るもの。大事なのは相手を尊重する気持と寄り添う心。純粋な愛の思いは必ず相手に届くと願うだけでいいのではないでしょうか。

受け取ってもらえなければそれまで。執着は自分を苦しめるだけのものです。

夫に出会ったのはそれから何年も経ってからですが、あまり考えることもなくあっさりと決めてしまったのには、北軽井沢への移住をあっさりと決めたのと同じ直観が働いたとしか思えません。後になってからそう思えるだけで、その瞬間は「考える」隙も入らないほどのスピードでした。

こんな時「考え」たらいけませんね。たいていネガティブなことしか浮かびませんから。迷いが出て結局やめてしまうことが多く、せっかくのチャンスを取り逃がすことになります。そしてあとになってから「ああすればよかった、こうすればよかった」と悔やんで愚痴を言うケースが多いのです。

「左脳は悪魔のささやき」と私は時々冗談のようにいうのですが、何かを決める時に左脳は邪魔になります。誰かに相談するくらいなら自分の心の中の「本当の自分」に問いかけましょう。答えはすべてそこにあります。

身体にお礼を言ったことなど、あっただろうか

ずい分前のことになりますが、北軽井沢で一人暮らしを始めて間もない頃、夜ベッドの上に仰向けになって、眠れぬままにぼんやりとしていた時のことです。

ふと頭に浮かんだのが、このまま私は眠ってしまうけれど身体の中の心臓や肝臓や腎臓は休みなく動いているんだなあ、血液も身体中を流れ続けている。これって誰が動かしているの？　私は眠っているんだから私じゃない。

誰が？　と思った時に、それまで何の関心も払っていなかった自分の身体に対して思いもかけない感謝の念が湧いて来たのです。

それから胸に手を当てて「心臓さん、ありがとう。私が起きている時も眠っている時も休みなく働いてくれてありがとう。肝臓さん、ありがとう。腎臓さん、ありがとう。身体中の皮膚さん、ありがとう。手や足、髪の毛さん、ありがとう」と言っているうちにいつの間にか眠ってしまいました。

生まれてから何十年も使いながら、身体にお礼を言ったことなど一度もなかったことに気がつき、なんと自分は怠慢だったんだろうと思いました。それで、それからは毎晩寝る前に必ず「ありがとう」を言うことにしたのです。

身体中の臓器や、目だの耳だの口にまで言っているときりがないので、途中からまとめて「私の全身の細胞さん、微生物ちゃんたち、いつも私を支えてくれてありがとう」と言うことにしました。
それを言っていると何だかとても気持がよくなり、いつの間にか寝入ってしまっていました。

その頃、友達数人と伊豆へ旅行したことがあり、夜みんなでおしゃべりしている時にその話をしたら、「へぇー、あなたって変わってるわね」と言われたので、それからは人にはいっさい言わないことにしました。

そのうち夏になってお店が忙しくなり、朝六時に起きてから夜中一時過ぎに寝るまで休む暇もなくなると、ベッドに入ったとたんバタンキューなので、いつの間にかそれはしなくなり、その後はすっかり忘れていました。

そして思ったのです。筑波大学の村上和雄先生の言われるように、一度オンになった遺伝子は二度とオフにはならないんじゃないかと。一度開いた「心の扉」は開きっぱなしになるし、一度目覚めた意識は二度と古い意識には戻らないのと同じように。

何もわからずやっていたことが、今も私の健康を守ってくれているのではないかと思うと改めて感謝の思いが湧いてきます。

「感謝」が遺伝子のスイッチをオンにするいちばんの鍵なのではないでしょうか。北軽井沢での生活の中で初めて感じた「対象のない、湧き上がってくるような感謝の念」を知ったことは私にとって、とても大きなことでした。

天に向かって「ありがとう、ありがとう」

畑のシーズンが終わると柵や支柱を片付け、ビニールのマルチをはがして畑にお辞儀をし、「今年も美味しい野菜を沢山ありがとう。お世話になりました。また来年よろしくお願いしますね」と言って帰って来るのが常でした。そうせずにはいられない気持だったのですが、それも、もしかしたら私の細胞の遺伝子のいくつかをオンにしたのかもしれません。

自分を愛するということは、自分の心と身体を、細胞を喜ばせることだと思います。嬉しい、楽しい、ありがたいという気持を毎日持てたら、病気の方が避けて通るのじゃないでしょうか。

よく「ワクワクすることをしなさい」と言いますが、同じことですよね。自分を愛することが出来れば、その愛はあふれて自然に人へ流れて行き、人を愛せるようになります。そして人からの愛をほしがらなくなるのに、自然に人が愛してくれるようになる。と、そういう順番だと「畑の天使」が教えてくれました。

第6章

私のスピリチュアルへの道

気づき始めた人間存在の第四レベル

人はみな自分という存在を認識する時、まず肉体としての自分を思い、さらに目には見えないけれど感情とか知性とか精神、心というものも自分に属するものとして存在することは知っています。

私が長年行っている英国発のワークでトランスフォーメーションゲーム（変容のゲーム）というのがありますが、これは自分を見つめ、ふだん意識に上って来ない「本当の自分」に気付くことで自分の中に変容が起きることを目的とするものです。

ゲームの中に四つのレベルが出てきますが、第一段階が「肉体のレベル」、第二が「感情のレベル」、第三が「精神のレベル」、第四が「霊的なレベル」です。

つまり、人間をとらえる場合、この第三のレベルまでは誰もが目に見えなくてもその存在を知っています。しかし第四のレベルがあることに気付いている人は少ないのではないでしょうか?

実は本来の人間の存在はこの第四のレベルにあるんですよね。私も四〇代半ばまではこのことに気付きませんでした。それに気付いてからどんどん人生が変わり始めたのです。

え?　どんな風にですか?

それはもちろん「良い方向に」です。不幸なことが起きない、という意味ではありません。たとえそのようなことに直面しても、絶望したりふさぎ込んだりしなくなるという意味です。

私の母は生前オカルト的なことに興味があって、自分の不思議な体験をよく話していましたが、私はいつも「そんなことあるわけないでしょ」とか「それはお母さんの気のせいよ」などと軽くあしらっていました。

そんな時に父が亡くなり、そのお葬式でとても不思議な出来事がありました（四章のシンクロ体験〈その①〉参照)。

ちょうどその頃、母から「また馬鹿にするかもしれないけど読んでみて」と渡された本がありました。チベットの経典『死者の書』をやさしく解説した今は亡き俳優の丹波哲郎さんが書かれた本です。

それには人の心の奥底には永遠に生き続ける「魂」というものがあって、肉体はこの世を生きている間だけの衣のようなもので、「死」はその衣を脱ぎ捨てるだけのこと、魂はまたこの世に戻って来て違う衣を着て別の人生を生きる、つまり輪廻転生をすると書いてありました。

心をどんどん変えていった自然の美しさと感動

なぜかその考え方はすーっと私の心に入って来たのです。その後間もなく離婚をして、私は外へ勤めに出るようになりました。

するとその勤め先には高橋信次さんという方の本が何冊もありました。そこにも「魂」の存在とか輪廻転生の話、肉体はこの世で魂が乗る舟で、人生はその舟で川を渡るようなもの、向こう岸（つまり彼岸）に着いたらその舟を下りるだけ（＝死）、魂はまだ生き続けて、また別の舟に乗って新たな人生を生きる、と同じことが書いてあったのです。

それから海外の科学者や医者が書いた「過去生」や「臨死体験」についての本を次々読み始めました。すると同じようなことに興味のある人と不思議なほど出会うようになり、それからそれへと人や本との縁がつながって行きました。

何年も会っていなかった友達に会うと、その人も同じような本を読んでいたりしてお互いに驚いたり共感し合ったりということもよくありました。

古今東西どこの国でも同じような体験をしている人が、こんなに大勢いるなら、それは事実に違いない、と思えるようになるまでには何年もかかりましたが、五〇代を過ぎる頃にはもうそれはゆるぎない事実として、私の心にしっかりと根を下ろしていました。

それに輪をかけたのが北軽井沢での田舎暮らしでした。豊かな緑に囲まれた広い庭のある暮らし、初めての完全な一人暮し、四季折々の自然の美しさ、畑仕事、自然の与えてくれる数え切れないほどの感動と感謝は、準備の出来た私の心をどんどん変えていきました。

六五歳で初めて行ったスコットランドの「フィンドホーン」

極めつけは六五歳の時に初めて行ったスコットランドの「フィンドホーンコミュニティ」。きっかけはその五年前に出版された『フィンドホーンの花』という本でした。そのコミュニティの三人の創立者の一人アイリーン・キャディという女性の人生が書かれた本でしたが、彼女の壮絶な体験やその生き方に深く感動した私は、是非ともこの地に立ってみたい、この女性に会ってみたいと思うようになり、そこに初めて訪ねる人のための「体験週間」(Experience Week) という一週間のプログラムがあることを知ってそれに参加しました (日本から一緒に行った一七人のメンバーのうち何人かとは二〇年近く経った今も、姉妹や親戚のような付き合いが続いています)。

アイリーンが毎朝瞑想中に浮かんでくる言葉を集めた『心の扉を開く』の中で繰り返し言われていることは、

「あなたの心の奥底には聖なる部分がある、そこからの声は『神』の声だからそれに従いなさい。それは直観という形で来るからそれを『考え』よりも優先しなさい。愛は行動で表しなさい。動機は「愛」でありなさい。頭で考えているだけでは何もなりません、行動しなさい。流れは逆らわず流れに乗りなさい。何が起きてもすべてはうまくいっている」などなどです。

この考え方はどの宗教よりも私にフィットしました。これこそが真実だと信じられたのです。どの宗教も教祖がいて教えがあり、戒律があり、規則があり、人を縛るもので自由がありません。

しかし、フィンドホーンにあるのは「良識」だけであとは全て自由です（麻薬はダメ、お酒は金曜日だけ、喫煙は建物から一五メートル以上離れた所で、くらいの決まりはありますが）。

世界中から長期、短期で滞在する何百人という人々、長く住んでいる人々がそれぞれグループに分かれて畑で野菜を作り、掃除をし、パンを焼き、料理を作り、花壇の世話をし、時には共に瞑想し、歌を歌い、みんなで踊る、世界で最初にエコビレッジとなった所です。みんなが優しく受け入れてくれて、自由で居心地のよい場所ですが、さまざまな人間の集まる場所です。

何も問題が起きないわけではありません。時には心理的な葛藤に悩まされることもあるでしょう。誤解や対立で悩むこともあると思います。でも結局はみなAll is going very very well.（すべてはうまく行っている）の精神に立ち返るのです。

私はその後、フィンドホーンへ行きたいけれど英語は苦手という方たちのために、通訳さん同行の年一回のツアーを八年ほど続け、数多くの人たちと知り合いになりました。今はそれを次女が受け継ぎ、すでに十年が過ぎています。

『心の扉を開く』の読書会を東京で一〇年ほど続けましたが、それも引き継いでくれている人がいます。ファシリテーターの資格を取ったトランスフォーメーションゲームは、二〇〇一年から現在に至るまでまだ行っています。

全て宇宙にお任せ精神で、いつも平和な気持ちでいられる

五〇代からの三〇年間に自分がどんどん進化しているのを感じます。気がつくと何があっても落ち込まなくなり、いつも前向きでいられます。

「今ここ」にフォーカスして生きられるようになり、過去をくよくよ悔いたり、未来を不安に思ったりはなくなりました。

全ては宇宙にお任せ精神で、いつも平和な気持でいられます。時に心が波立つよう

なことがあったり、（日本政府のやり方に）腹の立つこともありますが、すぐに平常心に戻ります。

いつも心がイキイキしています。病気になりません。時にケガはしますが（汗）、とても健康です。好奇心が衰えません。ハイテンションになることもなければ、ローにもなりません。

つまり「氣」が中庸にあるということです。これにはエイトスターダイヤモンド、各種のサプリメント、筋トレなど外部からのサポートもあるとは思いますが、やはり心の中の変化変容が大きいと思います。

毎日行うインドの原初音瞑想

七九歳でインドのディーパック・チョプラ博士の原初音瞑想法を毎日行うようになってからはますますこうした心の状態に磨きがかかり、その結果として八〇歳の時に最高のパートナーと出会うことが出来ました。

共に暮らしてまだ四年ですが、すでに何十年も夫婦だったような安心感と信頼感をお互いに感じて日々楽しく暮らしています。これも直観とシンクロの賜物と思わないではいられません。すべてが感謝です。

人生の中での失敗も不幸もすべてＯＫ

前述したように、フィンドホーンの合言葉の一つにAll is going very very well.（すべてはうまくいっている）というのがあります。

人生の中での失敗も不幸もすべてＯＫ。そのままでいいのだ、すべてがうまくいっているのだから、という実に楽天的でポジティブでノーテンキな考え方ですが、これこそがまさに新しい時代の考え方です。

どんな出来事もこのように受け止めることが出来たら、とてもラクに生きられるようになるでしょう。

人生は一瞬々々が自分の選択。自分の深い部分の無意識がベストの選択をしているのですから、たとえ何が起きようとそれは自分にとって必要なことなのです。

何かうまくいかないことがあるとそれをすぐ他人のせいにする人がいますが、それはおかしい。自分の選んだことの結果はすべて自分で責任を取る。落とし前をつける。それが大人っていうものでしょう。

一見不幸に思えることが、あとで考えると幸福への入り口だったという実例はいくらでもあります。昔から「人間万事塞翁が馬」とか「禍福（または吉凶）はあざなえる縄のごとし」とか言う言葉があるくらいこれは真理なのです。

今、目の前にある現象だけ見て落ち込んだり後悔したりは早すぎます。自分の魂は常に自分にとっての最善を選択をしているのだと信じましょう。

あとで振り返って必ず「あのことがあったから今がある」と思える時が来ますから、いたずらに自分を責めたり、人を恨んだりせずに辛抱強く時が来るのを待つのです。

何があっても歩き続ける

私も、人が人生で絶対に遭遇したくないような不幸な出来事に何回も直面しました。その度に嘆き悲しみ、出口の見えない長い真っ暗なトンネルの中で絶望し、自殺したいと思ったことも何度もあります。

でもその度に思い留まり、少しずつでも歩き続けていたら、いつの間にかトンネルを抜け出て明るい光の中に立っていました。

そしてそこには予想もしなかった素晴らしい景色が広がり、私を暖かく迎えてくれる世界が待っていたのです。

あの暗いトンネルの中で諦めてしまわずに、トボトボとした足取りであっても毎日を一生懸命誠実に生きて来た自分を愛しく思い、ほめてやりたかったです。

全ては考え方一つ、人生の舵取りは自分でしているのですからポジティブに生きるかネガティブに生きるかで、見かけはどうであれ自分の世界は全く違うものになってしまいます。

中にはいつも人を非難し、思い通りにならない相手を責め、悪いことは全て人のせいにして幸福を避けて通ってしまう人たちもいますが、そういう人はそういう人生が好きなのでしょう。

そういう世界が居心地の良い人はそれはそれでいいのです。他人も自分もありのままを受け入れる、というのも新時代の考え方の一つですから。


二〇世紀までの社会は人との比較、競争から常に上昇志向で走って来たように思います。

勝つか負けるか、損か得かが価値判断の基準なので、少しでも人より上に立ち、高い評価を受ける人間になること、つまり「出世」をすることが人生の目的であり幸福への近道とばかり脇目もふらず走って来ました。

それについて行けない者は容赦なく切り捨てられ、弱者は軽んじられる、差別と偏見の世界でした。

目覚める若者がどんどん増えている

しかし心の時代と言われる二一世紀に入ってから生まれたような人たちは、ずい分価値観が変わったのではないでしょうか。

中には親の考え方が昔のままだったりすると、親との考え方の違いから断絶が起きたりしているかもしれません。

今の若者は内向きになったとか、小粒になったとか、夢がないとかいう人もいますが、一方でクリスタルとかレインボーとか言われる、はじめから意識の高い子どもたちも大勢生まれて来ています。

またスピリチュアルな世界に目覚める若者がどんどん増えていて頼もしい時代でもあります。願わくは旧態依然とした古い価値観のままの大人たちが、そうした若者たちの芽を摘まないでほしいものです。

自分たちとは違う価値観で生きる人たちをただの「わがまま」としか受け取らなかったり、「自分らしく」生き始めるのを「自分勝手」ととらえ、親不孝だと嘆いて、自分の思い通りにコントロールしようとして、子どもの選択権を奪わないようにしてほしいのです。


真面目で「正しく」生きている人ほど、人生とは辛く苦しいもので楽しむものではない、と思っているので楽しむことに躊躇があり罪悪感からストップがかかる。人が楽しんでいるのを喜べず批判する。ホンネは出さずタテマエで生きている。

その結果一つも間違ったことはしていないのになぜか毎日がイキイキしてこない。不平や不満が顔を出す。毎日が面白くない。ワクワクなんて感情はとうの昔に忘れている。

そんな人が多いのです。それは自分よりも世間の常識、既成概念のほうを大事にしているからではないでしょうか。

自分にウソをつかずホンネで生きる

一方、そこからすでに抜け出した新時代の人たちはどうでしょう。等身大の自分を自然体で生き、人の評価や世間体は気にしない。自分で自分を認め愛しているから他人にそれを求めない。

自分にウソをつかずホンネで生きているからいつでもリラックスしている。

他人の選択を尊重しているから人をコントロールしようとは思わないし、自分もコントロールされない。他と自分を分けないのでその間にすき間がなく、一体感を感じている。

だから誰とでも仲良くなれ、他を批判しない。

全ては善きことのために起きていると知り、何事も常に「愛」をもって行えば必ず宇宙がサポートしてくれることを信じているから不安も心配もなく、恐怖からも解放されている。

まず自分が満たされ平和になることが家族や周りの人々を平和にし、それがひいては世界平和につながることを知っている、などなど。

誰に対してもオープンで、いつも自然体

私は現在八四歳ですが、同級生の中では一番と言っていいほど元気です。それは余計なことにエネルギーを使わないからだと思います。

昔は人からどう思われているか、こうは思われたくない、良い人だと思われたいというのが強く、世間体もけっこう気にするほうでした。

でもある時、気がついたのです。「世間の目というのは実は自分が作っている」のだということに。

それに意識を合わせ、気にしているとそれはどんどん膨れ上がって、巨大なモンス

ターになり押しつぶされそうになりますが、いったん気にしなくなるとシューッとしぼんで消えてしまう、実体のないものだということがわかったのです。

なあーんだ、つまらない、そんなものに大半のエネルギーを使っていたと気がついたらバカバカしくなってしまったのです。

そうしたら雲の上にスッと頭が抜け出て、雲の下のことはいっさい気にならなくなりました。自分を飾る必要がないので、自分のために使うエネルギーがたっぷりとあります。

誰に対してもオープンですし、いつも自然体、相手によっていちいち態度を変える必要もないのでとてもラクチン。余計なエネルギーがいらないので、パワフルになって当然です。

毎日けっこう忙しく人からは大変そうに見えることも、自分の好きなことや得意分野のことしかしていないので、ちっとも疲れないし苦にもなりません。

というわけで、私はいつの間にか新しい時代の生き方にシフトしてしまったのですが、それを人に押し付けるつもりはありませんし、是非にとすすめるほど親切でもありません。

人それぞれの価値観で生きればいいのですから、どんな生き方を選ぼうと全てその人しだい。好きな生き方をしてその人なりの人生を、楽しんでも楽しまなくてもいいのですから。

スピリチュアルって自分を見つめること

霊的な世界とかいうとすぐに心霊現象とか霊能者とか、いわゆるオカルトの世界と結びついてしまうので、英語をそのまま「スピリチュアル」とか「スピリチュアリティ」とかいう表現を使うようになって久しいのですが、それではそれれって何なの？と聞かれたら何と答えればいいでしょう。

人間は「霊」つまり「魂」が三次元の世界を生きるために肉体という「衣」をつけ

てこの世に生まれ、その「衣」が古びて擦り切れたり破れたりして使い物にならなくなった時、それを脱ぎ捨てて、もと来た世界へ戻って行く存在、と大方の人が認識していると思います。

そうでなければお葬式もお墓参りも、「ご霊前」というお香典も無意味なものになってしまいますから。普通の人間は脳細胞の三％しか使っていないと言われていますから、それがたまに五％とか一〇％使っている人がいるとすれば通常の人間には出来ないことが出来て当たり前。しかし、それとも違う気がします。

私が思うのには「スピリチュアル」って「自分を見つめる」ことなのではないでしょうか？

自分が肉体以上の存在であることを知り、他人もそうであること、そして誰の中にも「良心」という聖なる場所が存在し、そこが自分の本質であることを知り、そこといつも一緒に人生を歩いて行く。それがスピリチュアルな生き方ということではないでしょうか？

自己を発見して変容を助ける「トランスフォーメーションゲーム」

前にも少し触れましたが、フィンドホーンで三五年ほど前に生まれた「トランスフォーメーションゲーム」というまさに、その「自分を見つめ、自己を発見して変容をする」のを助けるワークがあります。

ゲーム盤のようなものと何種類かのカードを使い、無意識が「目」に現れるサイコロで行動を決めていきます。

通常四人で五、六時間かけてファシリテーターのリードで進めていくのですが、本当にたった一つの「言葉」やフレーズで気づきが起き、みるみる表情が明るくなる人、感動で涙ぐむ人、忘れていたことを思い出して泣き出す人などさまざまです。

私は二〇〇〇年に日本人としては第二期目のファシリテーターとなり、それ以来何百人という方のゲームをサポートしてきました。

中には願っていたことが奇跡的に実現したり、反対に願っていたことがその人の「本当の、つまり魂の願いではない」ことがわかったりした例もあります。そしてこのゲームを通して自分を深く見つめることで、さまざまな変容が起きる場面を沢山見させていただきました。

スピリチュアルとはオカルトなどというレベルの低いものではなく、人間の根源的なものにかかわる誰にとっても重要な神秘であり、すべての地上の学問の基盤になっている宇宙の真理につながるものなのです。

我を捨てる、これも自分を幸せにする方法

私が初めて瞑想というものを体験したのは、二〇〇〇年の二月に参加したフィンドホーンの体験週間ででした。

毎朝六時半から七時半まで瞑想室で自由参加の瞑想があり、そこでのいろいろな国

の人たちと共にする瞑想はとても心地よいものでしたが、どうしても雑念が邪魔をしてなかなか無念無想の境地になれませんでした。

当時はまだアイリーンさんがお元気でしたから、パークの彼女のお宅のすぐ前にある瞑想室（メインサンクチュアリー）へ行くと、いつも一緒に瞑想することが出来ました。

オシャレな彼女は白が好きで、冬でも白のプリーツスカートにピンクのセーター、華やかな色のストールをまとっていることが多かったです。お化粧もきれいにして、それでもお歳のせいでしょうか（当時多分八〇代半ば）、よく居眠りをなさっておいででした。

十数回は訪れたフィンドホーンで、行けば必ず参加していた早朝瞑想でしたが、自己流なので決して上手に出来たとは言えません。

そこで二〇一五年の二月に原初音瞑想法を学び、マントラもいただきました。マントラを唱えれば集中しやすくなると思ったからです。

当時は一人暮らしでしたから朝夕三〇分ずつの瞑想をきちんと行うことが出来、その後乗ったピースボートでも朝五時半に起きて必ず瞑想をしていました。

今は一人ではないので、特に朝は、ご飯の支度との兼ね合いで出来ないことも多いのですが、夕方は大体しています。

こうして習慣になって四年近く経って感じることは「我」を少し捨てることが出来たかな、ということ。「我」とはつまりエゴ。「欲望」や「自分を正当化する思い」でしょうか。それが薄くなるとあまりハラが立たなくなります。「怒り」は肝臓に影響するそうなので、そのせいか血液検査ではいつもお医者さんから数値を褒められます。

努力して捨てようと思わなくても自然に薄くなっていくと、いつも平常心でいられます。たまに礼儀知らずの人の言葉などでむっとすることがあっても、それが怒りにまで育たないのは日頃の瞑想のお陰ではないかと思っています。

「我」を捨てる。これも自分を幸せにするひとつの方法ですね。

ハイヤーセルフとつながった瞬間

かつて軽井沢の「畑の天使」から最初に受け取ったメッセージは「自分で自分だと思っている自分は本当の自分ではありません。本当の自分は自分では認識出来ない領域に存在しています」というものでしたが、これは自分で書き留めながらも最初は理解出来ない言葉でした。

自分に二種類あるのだろうか？　本当の自分っていったい何だろう、と考え込みました。自分の中から湧きあがって来た言葉なのによく意味がわからなかったのです。

そして思い出したことがあります。

それはまだ横浜で自然食品店を営んでいる頃のことです。その当時私はいろいろな悩みを抱えていました。お店にいる時はつとめて明るく振る舞い、お客さんとも笑顔で接していましたが、心の中は真っ暗。考えれば考えるほど気持ちが沈み、自分がどんどん深い沼の中に沈んで行くような絶望さえ味わっていました。

そんなある日、駅から我が家までのバスに乗り込み、ぼんやりと外を眺めながら発車を待っていた時、ふと気が付いたのです。私の心の奥のほうが何だかウキウキワクワクしているのです！　まるで明日の遠足を楽しみにしている子どものように嬉しくてたまらないのです。なんじゃ、これ⁉　って思いました。

こんなにいくつもの悩みを抱えている私が、心の中でウキウキしているなんておかしいじゃない。私ってそれほど不真面目でいい加減な人間だったのか！　と自己嫌悪にさえ陥りました。人が見ているわけでもないのに私はあわてて自分を正気に返らせました。

ところが、その日から同じようなことが度々起きるのです。不思議だなあ、と思っているうち、ふと思い当たることがありました。

その頃盛んに読んでいた、いろいろなスピリチュアル系の本の中に出て来る「ハイヤーセルフ」という言葉です。

シャリー・マクレーンの著書『アウトオンナリム』の中では「大いなる自己」と訳されていましたが、その他の本の中では英語がそのまま使われていることが多く、「高次元の自己」という表現もありました。

また仏教の本の中では「低我」に対する「真我」という言葉になっていました。

これって、もしや私は自分のハイヤーセルフとつながった瞬間だったのではないか、そうに違いない、そうすればもう一つの畑の天使からの言葉も理解出来ると思いました。

「喜びは常にあなたの心の中にあります」というあの言葉です。ハイヤーセルフは常に喜びに満ち溢れているに違いありません。いえ、喜びそのものがハイヤーセルフなのです。それで納得したのです。

誰かに聞いたわけではありません。自分勝手な解釈なのですが絶対間違いないという変な確信がありました。

自分で認識している「自分」は単なる表面上の「自我」あるいは「エゴ」であって、

その奥に「本当の自分」つまり、もっと次元の高い自己＝ハイヤーセルフが存在しているのだと。

みんなアンコのないお饅頭が自分だと思っているけれど、実は真ん中には素晴らしいアンコが存在しているのだということに気が付いたのです。

いったんアンコ、つまりハイヤーセルフを包んでいる膜が破れてそこととつながってからは、そのままつなぎっぱなしの状態が続いているような感覚です。二度ともとには戻りません。

宇宙から地球を眺めた時

また、こんなこともありました。

今はすでに過ぎ去ったことですが、八方ふさがりで、どうしてよいかわからないことが、これまでの長い人生の間には何度かありました。

そんな時どうしていたか、と言いますと、よく意識を宇宙空間に飛ばしておりました。

いつの間にか宇宙の無数の星々の間に漂っている自分がいます。目だけが下の方に小さく見える地球を見下ろしています。でも身体はありません。

北軽井沢に住んでいたころ、近くにホタルの名所がありました。そこへ行くと、私を取り囲む真っ暗な空間に沢山のホタルが音もなくふわふわと飛び交い、その中に自分が立っています。まわりはホタルでいっぱい。本当に宇宙空間にいるようでした。それと同じような感じです。

宇宙から下の方に小さく輝いている地球を眺めていると、自分のかかえている問題が大したことではないように思えてくるのが不思議。するど心の奥のほうがなぜかわくわくとして来ます。

理性では、左脳では、こんな時にわくわくするなんておかしい。そんな場合じゃないのにと思っているのですが、わくわく感は消えません。何だか嬉しくなってさえきます。

自分勝手な解釈ですが、その時って多分自分のハイヤーセルフとつながっていたのではないでしょうか？

そして毎日のしなければならないことを一生懸命しているうちに、いつの間にか苦境から抜け出していました。

固くこんがらがった糸が自然にほどけて行くように、とてもほどくのは無理と思っていた糸が、いつのまにかほどけていたのです。

今はありがたいことに何の苦しいこともありませんが、時たまふっと意識だけになって宇宙空間から地球を眺めることがあります。とても良い気分です。

気づきは不意にやって来る

みなさんもこういう体験は何度もあるのではないでしょうか?

何かの時にふっと、まるで天啓のように「ああ、そうなんだ」とか「なるほど、そうか!」と納得してしまうようなこと。

その時している動作とはまったく関係ないことが心の底から湧き上がってくる感覚、誰にもあると思います。

ただそれを「気づき」ととらえるか、何も感じずに見過ごしてしまうかの違いなのだと思います。

はっきり「気づき」ととらえた時、確実にあなたの意識は一段、階段を上ります。

そして見える世界が広がり心が豊かになり、幸福を感じるセンサーが増加します。

私がこれまでに得た気づきはいくつもありますが、今でも覚えている衝撃的なものの一つは、前の項で述べた「自分で自分だと思っている自分は本当の自分ではない」という言葉でした。

そしてもう一つ。

長年読んでいるアイリーンさんの著書『心の扉を開く』を大勢の前でプレゼンする機会を与えられた時のことです。

自分から心の扉を開けば人も安心して開いてくれる、というふうにだけとらえていた私が突然「心の扉は内側に向けても開くのだ。そうするとそこに本来の自分である神がいる」と気づいたのです。

そんな簡単なことになぜそれまで気づかなかったのだろうと思いました。

その扉の存在にすら気づいていない人が多いと思います。

扉は一つではないかもしれません。
心の中にはいくつもの扉があり、それをみつけて一つ一つ開いていくと、思いもかけない宝物があるような気がします。その扉をさがし、それを開けるたびにそれまで知らなかった自分が見つかるかもしれません。

わくわくしながらその扉をさがしましょう。
そしてその錠を開ける鍵は「愛」です。

第７章

生きるということ

ハラで生きる

東京生まれで東京育ち、東京で五〇年以上暮らし、その後も六〇歳まで横浜市に住んで根っからの都会っ子だった私が、前に書いたようなきっかけで突然浅間山麓の自然の中で一人暮らしを始めたのは六一歳の時。

昔その近くに山荘を作って夏休みの間だけ家族で過ごしたことはあっても、短期滞在とそこに根を下ろして暮らすのとではまるで体験が違います。見るもの聞くものすべてが感動の連続で、自分がどんどん浄化されて行くのがわかりました。六〇歳を過ぎて初めて「人生を生きている」という実感が湧いて来たのです。

それまでの人生は夢まぼろし、ただ「生活してた」というだけで本当の意味で「生きていた」とは言えないいんじゃないかと。つまり呼吸で言えば、それまでは浅い胸呼吸。そこへ来てからは深い腹式呼吸で生きているという感じです。

胸呼吸で生きていた時はいつも不安や心配があり何かあれば落ち込んで、一〇〇パーセント喜びに満ちた日はありませんでした。

でも、そこで暮らすようになってからはいつも心が安定していて、感情に振り回されることもなく、常に「氣」が丹田に落ちている感じなのです。


う〜ん、そうなんだ。丹田ということは「肚」だ。つまり肚で生きるということが真に生きるということなんだ。人の目や評価を気にすることなく、役割を演じるのでもなく、自分という人間を一〇〇パーセント生かして生きること。それが「生きる」ということなんだ、ということに気付いたのです。


女らしく、母親らしく、年相応に、人から後ろ指されないよう、白い目で見られないよう、常識から、はみださない生き方が最上のものと考えている間は胸呼吸状態。本気で生きているとは言えません。

ただ毎日食べて寝て排泄をして、単に生き物としての生活をしているだけ。かつてはそうでした。だからいつも不安感や罪悪感や劣等感にとらわれて自信が持てなかったのだと思います。

今から二〇年以上も前の夏のある日、あの地に立った時「ここだ！」と思ったあの強烈なインスピレーションは何だったのでしょう。それがズーンと肚に突き刺さったあの時から、自分でも知らないうちに私は「肚」で本当の人生を生き始めたらしいのです。

一〇年近くも経ってからそんなことに気付くなんて鈍感もいいところだけれど、意識の深い所から表面に上って来るまでにそれだけの歳月が必要だったのか、それとも私のセンサーの感度が低かっただけなのか、シンプルなことほど人は気付き難いものなのかもしれません。

キレる人は浅く生きている

最近は若者だけでなく高齢者もすぐにキレる人がいるようですが、あれは頭か胸だけで生きているからだと思います。肚で生きればめったなことではキレないものです。それがわかってからは、たまにチラっと不愉快な気分になることはあっても本気で肚が立つようなことはないし、感動の涙はあっても以前のように悲しみや悔しさからの涙はありません。

探せば悩みのタネはいくらでもありますが、悩まなくなったので落ち込むこともなくなりました。水の中に風船を沈めようとしてもすぐ浮き上がってしまうように、落ち込むことが出来なくなったと言ったほうがいいかもしれません。

その後二度も骨折や入院、手術で何週間も寝たきり状態になったり、あれほど好きだった高原の家を出なければならないという大きな試練に遭遇もしましたが、どん底まで落ち込まなくて済んだのはこうした生き方が身についていたからかもしれません。

それにめげずに生きていたら思いもかけない幸運が待っていて、それまで以上の幸せに恵まれました。「禍福はあざなえる縄のごとし」。これからも何があるかわかりません。


でも、もう大丈夫。一時的なショックはあっても、これまで通り立ち直りは早いと思います。自分を信じ、ホンネで生きれば怖いものは何もありません。自分を飾ることも卑下する必要もなくなります。

自分を取り囲む人やモノ、事柄、現象のどれにも執着せず、常にその円の真ん中に存在していればいつも心穏やかでいられるからです。

そうすると魂が喜びに満ちて輝き、勇気とパワーが湧いて来ます。それに連動して身体中の細胞がイキイキとして免疫力が高まり、健康にもなると私は固く信じています。これってただ単に私がオメデタイってだけのことかもしれませんが。

「立場」で生きる人が理解できないこと

日本に「個人」という考えが入って来たのはまだ歴史が浅く、太平洋戦争に負けてアメリカ主導で出来た新しい憲法の中に「基本的人権」が謳われてからではないでしょうか。

それまでは昔なら将軍やお殿様、その後は天皇陛下に忠誠を誓い、その為なら命も捨てるという全く個人の権利も考えも軽かった時代でした。

現代でもまだその風潮は残っていて、会社や組織が絶対でそれに一生を捧げ、忠誠を誓う人が多いのではないかと思います。

そのせいか日本人には個人というより「立場」で生きている人が多いようです。家庭であれば夫として、父親として、母親として、姑として、嫁として、会社なら上司として部下として、学校なら先生として、生徒としてなどなど。

一個人としての存在はその「立場」の仮面の下に隠れて容易にその本当の姿を見せません。その方が社会を生きる上で安全だったり、便利だったりするからでしょう。

ですから仮面の下の本当の姿は見えにくく、個性に乏しい人が多いように思います。異なるものに対する偏見、いじめなどの温床もその下に隠れているのではないでしょうか？

「政治家」や「官僚」という着ぐるみを身につけると平気でウソがつける、というのもその実例ですね。


そんな中で私はよく人から「おかしい」とか「変わっている」と言われます。それは息子の昔のカノジョと何十年も友達として仲良くつきあっていたり、離婚した夫の姉やその娘（つまり私の子どもたちの従姉妹）などと未だに親しくしているからです。

「なぜおかしいの？」と問い返しても答えは返ってきません。

理由はないのです。「立場」で生きている人には理解できないからでしょう。

私は別れた夫が再婚したと聞いた時は心底「よかった」と思い、出来ることなら新しい奥さんと会って友達になりたいくらいに思いましたが、そんなことは「非常識」なのでしょうね。

現在の夫の前の奥さんとも会って話したいと思いますが、これもかないません。アメリカ人などは離婚しても友達でいたり、娘の結婚式にそれぞれが新しいパートナーと出席するなんてざらにある話ですが、日本人には出来ないことなんでしょうね。

愛がなくなったら一緒にはいられないアメリカ人に、愛がなくなって憎しみしかなくても「仮面夫婦」や「家庭内別居」で形だけ保っている日本人を不思議がられるように。

身の周りに嫌いな人がいないこと

ずい分前ですが、「私は人の好き嫌いがハッキリしてるの」とどちらかといえば誇らしげに言う女性に会ったことがあります。

その時、自分はどうかと考えたら、多少苦手な人はいても「嫌い」とまでハッキリ言える人はいないことに気づき、自分は鈍感なのか、ただ「ボーッと生きてる」だけなのかとちょっと恥ずかしく思ったことを覚えています。

それから何十年も経って今思うことは「それでOK」ということ。身の周りに嫌いな人がいないというのは幸せなことじゃないか、と思えるようになりました。

社会で人と触れ合いながら生きて行く中で、確かに苦手な人というのはあります。たまに会う人なら深く付き合わなければいいことですし、こちらから積極的にアプローチしなければ自然に縁がなくなっていきます。

問題はそういう人が毎日顔を合わせる職場にいたり、家族や親戚の中にいる場合でしょう。

出来ればその人の良い所を積極的に探すことですが、それが無理ならハラを据えて正面から向き合うしかありません。

逃げたり避けたりしていると、宇宙は次々同じような人に出会わせます。

どこの職場に行っても意地悪な人がいるとか、嫌な人がいると言って職場を転々とする人がいますが、自分が相手からそれを引き出している場合もあるのです。

相手もこちらを「嫌」と思っているなら互いに引き出し合っているわけです。

それでもどうしても「嫌」という点があるなら、その場でハッキリ言うこと。

それが出来なければ手紙に書いて渡すこと。どちらの場合も言葉遣いは丁寧に、きちんと礼をわきまえることが大切です。言葉で言う場合は感情的にならず「ゆっくりと落ち着いて話す」ことが肝心です。そうでないとこちらの真摯な気持が伝わりません。

逃げていいのはそれでも改善されない時、あるいは身の危険を感じた時だけです。

自分を好きになること

人間の持っているネガティブな感情の中で、いちばん根っこのところにあるのが「自己否定感」ではないかと思っています。

そこから「嫉妬心」と「劣等感」という双子が生まれ、さらにそれを親として怒りや憎悪、恨み、妬み、復讐心、傲慢、優越感などという鬼っ子たちが生まれてきます。

ほとんどの人がこうした感情に苦しむ時、そういう感情を起こさせる相手が悪いと思い、ますますそうした感情をつのらせてしまうのだと思います。

もしちょっとでも自分を客観的に見ることが出来たら、自分の心の中をのぞいてみる勇気があったら、自分を苦しめているのは自分の中のそうした感情たちだということに気づき、ぐっとラクになると思うのです。

でもそれがなかなか出来ないのが人間なんですね。

その汚泥のようなネガティブ感情から抜け出して、それを洗い流してくれるシャワーの役目を果たすものとは何でしょう?　いちばんの近道は「自分を好きになること」です。

自分に甘くなる、と言ってもいいでしょう。自分のいやなところ、欠点やダメなところにばかり焦点を当てないで良いところをさがしましょう。欠点と長所はコインの裏表みたいなもので、必ずセットであるはずです。

たとえば大雑把でだらしがない人は一方で大らかで寛容だったり、真面目で几帳面な人は自分の価値観に固執しがちで柔軟性に欠ける傾向があります。

自分には厳しく人には優しくしなさい、なんて言いますが、そんなこと出来たらどこかに偽善があります。自分に厳しい人は人にも厳しいものですよ。だから自分にも人にも優しければいいんです。

持って生まれた性格なんてそう簡単には直りません。ありのままの自分でＯＫと思えた時、初めて自分を好きになれるのです。人に好かれようと無理する必要もありません。

自分で自分を認め、「私って人間は何百年の昔から何百万人の先祖たちの血をずーっと受け継いで来て、今ここに生きている稀有な存在なんだ」と思えたら、それだけでものすごい価値を感じてしまいませんか？　その先祖の一人が欠けても「私」はここにいないのですから。

それくらい尊い存在なんですよ、あなたという人間は。だから卑下する必要はないんです。

今生きてるってだけでも素晴らしいことなんです。そんな自分を認めてあげましょう。可愛がってあげましょう。それが自分を「愛する」ってことなんです。

自分を愛することが出来たら、「愛」が自家発電出来たら、あーら不思議。人からの愛をそれほど必要としなくなります。人から愛されたい、好かれたいなんて思わなくなるのに、人が寄って来るんですよ。

黙っていても人が愛してくれるようになるんです。そうすると自然に人を愛せるようになり、人に優しくなれるんです。

まずは「自分を認めてあげること」「自分を好きになること」。これでほとんどの人間関係が良くなります。今まで抱えていた問題点が一気に解消します。長所も欠点もひっくるめた自分自身を丸ごと愛すること。これがすべての出発点です。

嫉妬心という魔物

人間の持つ感情でいちばん厄介なのが「嫉妬心」ではないでしょうか。

これには二種類あって、恋愛感情に伴うものと、もう一つは「羨《うらや》ましい」が高じての「妬《ねた》ましさ」。

恋愛感情から生まれるものは根っこに「独占欲」があり、妬ましさは「競争心」から生まれます。

いわゆる「情が深い、濃い」人は嫉妬心も強く、自分を見失うほどにもなって殺人にまで行ってしまうこともあるようです。どんなにか苦しいことでしょう。

自分を苦しめているのは「相手」だと思い込んでいますから、敵意の矛先はその人に真っ直ぐ向けられるので怖いです。

しかし、実際は自分の感情が自分を苦しめていることには気づいていません。

そこには気づきたくないのです。

戦うべきは「相手」ではなく「自分の感情」ということに気づいたら、その人は一歩前進ですね。その感情が出て来たら叩き潰す、また顔を出したら叩く。

ちょうどモグラ叩きのように、その作業を続けていたらだんだんラクになります。

そして不幸のどん底のように思えていた自分に、それまで見えなかった光明が見えて来ます。そうなったらしめたもの。人間力が一段アップした証拠です。

自分より優れたもの、例えば容姿、能力、人間性、財力、環境などを持っている人を羨ましいと感じるのは当然の感情ですが、それが妬ましさにまで行かないよう、特に勝気で負けず嫌いな人はご用心。

それも憎むべきは「相手」ではなく、自分の中に潜む自分の感情ですから。

「ブレない」ということ

「首尾一貫感覚」という言葉がありますが、自分の本心と行動が一致していて、それがいつでもどこでもブレることのない、しっかりした軸となっているという意味だと思います。

つまり仏教でいうところの「身口意」（しんくい）ですね。

「身」は行動、「口」は言葉、「意」は思い。

「思っていること」と「口に出す言葉」と「行動」が一致していて、その間に隙間がないことを言います。

私が今の夫からのプロポーズを、ほとんど考えるひまもなくあっさりと受け入れたのは、彼がまさに「身口意」の人だと思ったからです。その信頼は四年経った今でも破られることはありません（これから結婚をする人は男女共にこれが決め手と思ってくださってもいいと思います）。

私も心にもないことは言えない性質ですし、出来ないことは約束しません。その代わり、いったん口に出したことは必ず実行します。

多分彼もそれを見抜いてくれたのでしょう。

しかし、それはお互いにいろいろな経験をし、いろいろな人と付き合って来たお陰で身についた洞察力だと思いますから、人と交わることを避けないでください。生きて行く中では傷つくこともだまされることもあるかもしれません。でもそれも勉強です。傷つくことを怖れて人と付き合わなかったり家から出なかったりは、何のプラスにもなりません。

そうした経験も自分の中に「ブレないもの」を育てて行くには必要な体験だからです。

全ての体験が人を作って行きます。何があってもへこたれず、しぶとく立ち上がって歩みを止めずに人生の道を歩いて行きましょう。

「豊かさ」とは?

先日ある方から「あなたにとって豊かさとは何ですか?」と聞かれました。

普段あまり考えていることではないので、とっさに出た答えは「心の平安」でした。

確かにその通りなのですが、そうであるためには身体の健康、そこそこの経済的安定、悩みや心配事がないことなどがベースになければなりません。
今、老年期に入り、毎日を心の平安と共に送れることは何よりの豊かさであり、幸せなことと心から感謝しています。

これまでの人生を振り返ってみると、心の平安があった時期はそんなになかったように思います。強いて言えば一九九六年から二〇一三年まで、北軽井沢の自然の中で暮らした一七年間だけが、私にとっていろいろな意味で豊かな日々でした。

それまでは怒涛の日々があり、毎晩涙で枕に世界地図を描いた夜もありましたし、朝、目覚めたとたんから心配事で食事も喉に通らぬ日々もありました。
悲しみや怒りや嫉妬で身悶えた日々、寂しさで何もする気にならなかった時期、経済的な不安で未来が恐ろしかったことなど、「心の平安」とは程遠い時期がずい分続きました。

一人暮らしは自由で気楽ですが、どこかで緊張していたと思いますし、孤独死をして何日も発見されないことなど想像しただけでもゾッとします。

いろいろな意味で今はとても豊かな日々。

個人的に悩みのタネはありますが、それを悩むか悩まないかは選択の自由。心配事も同じ。タネはあるけれど私は悩むことも心配することも選ばないので、つまり悩みも心配事もないのです。

自分を幸せにするのも不幸にするのも同じですね。

私は「幸せ」の方を選びます。感謝、感謝です。

そう、何にでも感謝できることも豊かさのひとつですね。

親の生き方が変わると

生きる目標を見失い、生きている実感を味わえない人たちが、どうしたらさまざまな問題行動に陥らずに、楽しくイキイキと自分らしい人生を生きていくことが出来るでしょうか。

それには、これまで当たり前のように持ち続けて来た伝統的な価値観を手放す必要があるのではないかと思うのです。そしてそれに取って代わるのが、新しい時代の価値観や考え方であり、生き方なのです。

最近よく聞くフレーズ、頑張らなくてもいい、ありのままの自分を受け入れよう、自分を好きになろう、自分が本当に楽しめることをしよう、好きなことを仕事にすればお金はあとからついて来る、成功は肩書きや名声ではない、自己実現することだ、などなど。

若い頃の私はあまり深く考えることもなく、伝統的な価値観を振りかざして子どもたちに説教をしていた愚かな母親だったと思います。

そしてほとんどの親と同じように自分は正しいと思い込んでいました。世間体を気にし、自分の理想を子どもに押し付けていたのです。

でもうちの子どもたちは、いつまでも良い子を演じてくれてはいませんでした。ある時はそれとは正反対の方向へ暴走したこともあります。

でも私が私以上に「正しくて真面目な」夫と別れて、危なっかしい足取りながら一人で「自分らしく」生き始めてからは、彼らの私を見る目が違って来たように思います。

やがて前にも書いたように精神世界に目覚め、どんどん価値観が変わっていったら、まだ完全とは言えないまでも親子の関係も変わって行きました。もう世間の目など気になりません。

自分自身の信念に従って生きて行く中で夢はほとんど実現しましたし、試練に遭ってもすぐ立ち直り、いつも元気で楽しい毎日です。

子どもに何か問題が起きた時、親は躍起になってそれを何とかしようとしますが、そんな時は子どものことは放っておいて自分のことを見直したほうがいいと思います。親の視線が全部自分に向けられていたら、子どもだってたまったものではありません。それで自分が愛されているなんて感じる子はいないんじゃないでしょうか。子どもは親のエゴを鋭く見破ります。「あなたのためを思って」なんてセリフはほとんど嘘っぱちだって知っています。

親はそれが自分のエゴだと気づかないので子どもを責め、必死に変えようとします。そして始末が悪いことにそれを愛だと思い込んで干渉をし続け、巻き込まれ、ますます自分が空っぽになっていくのです。

初めて子どものこともありのまま受け入れられる

自分に焦点を当て、愛とエゴを見分ける作業をし続けるだけでも、どんどん気づきが起きて来るはずです。自分を変えるのは努力ではなく「気づき」です。本を沢山読み、人の話に耳を傾けましょう。そして世界を広げるのです。

自分が変われば周りが変わります。関係が変わります。心の問題に「努力」は何の役にも立ちません。

親が子どもを生き甲斐にせず、自分自身の人生を自分らしく生きるようになれば表情までもが変わって来ます。明るくイキイキと輝いて来るはず。するといつの間にか親子関係も変わって来るでしょう。

自分を大切にし、ありのままの自分を受け入れた時、初めて子どものこともありのまま受け入れられるようになります。そんな親を子どもは一人の人間として尊重するようになるでしょう。

子どもにとって尊敬出来ない親を持つほど悲しいことはありません。

「意識」が変われば人生が変わる

私にとって「意識が変わる」というのは必ず「意識の上昇」を意味します。

何かのきっかけや発見、気付きによってある時ヒョイと意識が変わり、一度上昇した意識は決して後戻りしません。

死んで魂があの世に行く時、持っていけるのはその時の魂の状態だけですから、少しでもましなものにしておきたいと思うのです。ですから魂がこの意識の階段を一段ずつ上がって行くことこそが「人生の目的」と私は考えています。

そしてこの意識レベルが上がって行くにつれてシンクロも多くなり、それに気付いて喜んだりワクワクしたり感謝していると「直感」の精度も上がっていく、というのが私の実感です。

思えば二一歳で結婚し四四歳で離婚するまでの間、私は世間体を気にし、常識的に生きることが最善で、それを全ての言動の基準としていたごく普通の人間でした。劣等感をかかえ全く自分に自信のない、自分の意志や考えもろくにない女でした。

ですから常に理想的な家庭を装い、心の中はボロボロなのに人には笑顔を見せ、親にも本当の気持を話せないでいました。

しかし数年間悩んだ末に遂に限界が来て、夫に別居を申し入れましたが即座に拒否されました。それがあることをきっかけにかすかに繋がっていた糸が一気に切れ、離婚へと進んだのです。私にしてみれば大変な勇気でした。

人にどう思われるか、理想的な家庭を装っていたことがバレて世間から軽蔑され、友達はみんな離れていくのではないかと怖くて怖くて決断出来ないでいたのです。しかし、最後には「もうどう思われてもこれ以上は無理」というところまで追い詰められていたので、深い谷底めがけて飛び降りるような気持でした。

思い切って友達に打ち明けたところ、意外にもそれは軟着陸で誰一人離れていく人はいませんでした。むしろ「実はうちもそういう状態なの」という人がいたり、共感したり励ましてくれる人もいました。その時、気付いたのです。

こちらが弱みを見せれば相手も心を開いてくれると。それからはとても楽になりました。目の前の霧がすーっと晴れたような気分で、それまで出せないでいた素の自分をどんどん出せるようになり、本来の自分に還っていったのです。

これが最初の気付きでした。世間体なんて自分が作っていた幻で実体はないものなのだ、気にすればするほど巨大なモンスターになって押しつぶされそうになるけれど、気にしなくなったらスーッと消えてしまう実体のないものなのです。

これが私を覆っていた分厚い殻の一枚目がはがれた瞬間でした。

その後は弾け飛びました。それまで出来なかったこと、したかったこと、行きたかった所へ行くことを次々やり始め、殻をどんどん脱ぎ捨てていきました。

すると優等生だと思っていた自分が実はかなりの不良だったり、お茶目だったことがわかって何だかとても嬉しくなりました。人から後ろ指を指されないような「立派な」人間だとばかり思っていた自分の知らなかった面が見えて来て面白くなり、自分を第三者的に眺めては「へえ、私ってほんとはこういう人間だったんだ」と驚いたり呆れたりしながらも、そういう自分をどんどん好きになりました。新しい友達も出来、人間関係も広がりました。

離婚後こうした自己発見の時期が二年くらい続くと見た目も変わるらしく、昔の友達から明るくなった、若くなった、元気になった、学生時代のあなたに戻ったなどとよく言われました。本来の自分になって私の意識が一歩前進したからでしょう。

ハイヤーセルフの直感に従えばいい

その頃にスピリチュアリティーに目覚めて更に前進。自分のハイヤーセルフにつながった感覚がわかるようになり、占いなどに頼るよりそのハイヤーセルフ（本当の自分）からの「直感」に従えばいいということを知りました。
その後初めて自分でお店を始めたり、北軽井沢へ移住して自然の中で暮らすようになり、「湧き上がる感謝の思い」を体感するようになり、その都度意識はどんどん上昇を続けていったように思います。
その前後にいろいろなシンクロが次々起きるようになり、正しい「直感」を確信出来るようになり、それを実行することでますます毎日が楽しくなり、活気に満ちて願望はどんどん叶っていきました。

私の意識を一気に広げ高めてくれた北軽井沢での暮らしは、思いがけない「不幸」とも思える怪我やいろいろな出来事から幕を閉じることになりましたが、それでもへこたれず常に前向きにとらえて生きたお陰で、思いもかけない「八〇歳でのプロポーズ」に出会い、理想としていた結婚の形と老後の暮らしに恵まれたのだと思います。

あと何年の余生かわかりませんし、これからも何が起きるかわかりません。

でも、これまでの人生を振り返って、自分の「意識」が変わるごとに人生のシナリオが書き変えられていったような気がします。

最初のきっかけは「外にばかり向けていた目を自分の方に向けた」こと。そして『心の扉を開く』を読むことで「心の扉」はまず内側に向けて開けるのだということ。そしてそこに「本当の自分」つまりハイヤーセルフ（高次元の自分）がいることに気付くこと。その声に従って生きること。

それがスピリチュアルであるということ。超能力やオカルト的なことだけにしか興味を持たなかったら、そこでストップしてしまい先へ進めません。

四〇年前までの自分を思う時、はるか遠くまで旅して来たとつくづく思います。そして辛いことや困難もあったけれど、この道を歩いて来てよかったと今はただただ感謝あるのみです。「感謝」こそが幸福感のキーワードです。

私に気付きを与えてくれた全ての人、全ての出来事、全ての書物にただただありがとう、ありがとうの思いです。

今、高齢者の方々に「これまでの人生で後悔したことは何ですか?」と聞くと回答の大部分が「もっと人の目を気にしなければよかった」「もっとしたいことにチャレンジすればよかった」の二つだと言います。現在八四歳の私、何も後悔はありません。

人生のシナリオがラッキーなものに変わるきっかけ

私がいつも思っていることがあります。

それは人がこの世に生まれ、自我が芽生える頃になると目の前に何冊もの台本が重なっているイメージです。その中から、その時のその人の波動に合った台本が、すっと目の前に出て来て、その人はそのシナリオ通りの人生を歩んでいきます。

毎年、齢を重ねながら、どこかでその人の波動が変わると、これまでの台本は消えて代わりの台本がすっと差し出されます。

本人はそうとは知らず、前と同じ台本だと思ってその通りの人生を歩んでいるつもりなのですが、何だか前よりラッキーなことが続いたり、嬉しい偶然があったり、良い人に出会ったりして不思議な気持になります。

そして何かの気付きから、その人の波動が変わる度に台本が変わっていく……。そんな気がしてなりません。

よく人の運命は最初から決まっていると言われますが、同時に人間には自由意志というものがあって、運命は変えることが出来るとも言われています。

一見矛盾しているようではありますが、両方とも真実なのでしょう。

すべてはその人次第。その人の発する波動で人生が良くも悪くも変わっていく、と私は信じています。そしてその台本がラッキーなものに変わる最大のきっかけは「心の底から湧きあがってくる感謝の思い」なのではないかと思います。

すべてはご縁

これまでの人生を振り返ってみると、その節目ごとに、必ずどなたかとのご縁があることに気づかされます。

そのご縁で生かされて今日があるのだと思うと、ほんとうにありがたいと感謝の気持ちでいっぱいになりますす。

私自身もこれまでに沢山のご縁をつないで来たと思いますし、それらが無数にからみあって網の目のように広がり、思いもかけない人同士がつながっていたりする発見をすると、驚きとともに無上の喜びを感じます。

この世で生きている以上、山の中にひとりでこもって仙人のような生活でもしない限り、毎日人との関わりなしに生きていくことは出来ません。人間はその字のごとく、人と人の間で生きているのですから。それを煩わしいと思う人もいるでしょうが、私はむしろうれしく感謝することのほうが多いのです。

そして私を介してつながった人たちがそれを喜び、人生を豊かにしていく姿を見るのはほんとうに嬉しいものです。

中には、紹介者である自分を通り越して親密になる人たちを許せず不機嫌になる人も見受けられますが、紹介者が誰だったか忘れられるほどであれば、その紹介は大成功だったと喜ぶべきで、自分の存在をいつまでも介在させる必要はないのです。

また、何かちょっと気に入らないことがあると、それまでどれだけ長く親密であってもバッサリとその縁を切ってしまう人もいます。そこにはたいてい、その人のプライドやら嫉妬心、猜疑心、心の狭さなどがあるのですが、ご本人はそれに気づいていません。

私自身は一度ご縁の出来た方とは多少のことがあってもその縁を大切にして行くほうなので、何十年というお付き合いが多いのですが、中には「波動の法則」でお互いの波動が変わることにより、いつの間にか疎遠になって行くケースもあります。それはそれで自然の成り行きなのでしかたのないこと。

去って行く人があっても寂しいとは思いません。「来る者拒まず、去る者は追わず」の心境です。今の世の中プライバシーだの個人情報保護法など、どんどん自己防衛が強くなり息苦しくなって来ています。

人を信じず、自分を守ろう守ろうとすればするほど、ますます人が怖くなって良き人間関係が築けなくなっているのではないでしょうか。

それぞれが栗のイガのような自分の殻の中に閉じこもって人に真の姿を見せず、他人の目を気にして、見られてもいい自分しか出さず、傷つくのがいやだからイガのトゲトゲの間からそっとのぞいているだけなので、自分でもどれが本当の自分かわからなくなってしまうのです。だから真の友達もできないので常に寂しい。

そういう人には同じような人しか寄って来ないから、いくら人数がいてもそれは栗のイガが集まっているだけなので、寂しさは埋まらないはずです。

豊かな人間関係を作りたいなら自らがそのイガから出て行くこと。自分の弱さもみっともなさも、恥ずかしいところもさらけだしてありのままの自分を見せることで、相手も安心して自分をさらけ出すことが出来るのです。

そしてそういう自分を認めることによって人は強くなっていき、本当の信頼関係を築いていけるのです。それは周りの人たちにも影響を与えるはず。何事も待っていては始まりません。

スタートはまず自分から。イガの中のつやつやした栗色の自分のほうがどれだけ美しいかわかりません。

そうして出来た人とのご縁は大切にしたいものです。何かの行き違いが起きたら誠実に話し合うことで解決しましょう。自分の思いを正直に話せばきっと理解し合えるはず。安易に切ってしまうのはもったいない。たとえ疎遠になっても、いつかまた戻ることがあるかもしれません。追いかける必要もない代わり、自分の世界を自ら狭める必要もないのです。

たとえ苦手な人であっても、少しでも接点があるならそこの部分だけで付き合えばいいのです。ただしウソや体裁や心にもないお世辞などはよけいなもの。真の人間関係には不要です。

忠告は周りに人がいない所でやんわりと愛をこめて（それでも怒ってしまう人もいるけれど）、褒め言葉はテレずに惜しみなく、人の前でも遠慮なく。でも媚びや迎合はウソ丸見えで人を不愉快にしますから要注意。

いつもご縁に対する感謝だけは忘れないでいたいものです。

あとがき

この本のタイトル、そして本文の中の「八〇歳でのプロポーズ」という言葉に、私が今幸せなのは「再婚をしたから」と思われた方が多いかもしれません。

もちろんそれも一つの要素ではありますが、通して読み終えられた方にはすでにおわかりのように、幸福感のベースには私自身の意識の変容が大きく関わっています。

それがあったからこその再婚なので、決してひと昔前のような「女の幸福は結婚すること」などという単純な価値観の恩恵ではありません。

現代の女性は結婚以外にも仕事の喜び、おひとりさまの楽しさも十分に知っていますから、何も結婚だけに幸せを求めなくてもいいわけです。

でも古い時代の価値観がそのままだと、やがては虚しさ、寂しさを感じる時が来るかもしれません。

そのような時、もしこの本が少しでもお役に立てば何よりと思います。
お手に取っていただき、ありがとうございました。

この本は多くの方たちからの愛のある助けのお陰で誕生いたしました。

まずは私が心の師と仰ぐ翻訳家の山川紘矢さん亜希子さんご夫妻、亜希子さんとの対談を企画してくださった伊藤千草さん、そのお友達でKKロングセラーズにつないでくださった井上真美さん、無名の私にお声がけくださり原稿をまとめ、整理してくださったKKロングセラーズの方々、表紙を描いてくださった若きグラフィックデザイナーの岩屋彩さん、原稿を読んで面白がり訂正を手伝ってくれた愛するわが夫。
そして何よりも私の指先に宿って文字を紡ぎだしてくれた目には見えない存在のスピリット、エンジェルたちに心からの感謝を捧げます。
ほんとうに、ほんとうにありがとうございました。

二〇一九年一〇月

広瀬尚子

わたし84歳、今がいちばん幸せです！

2019年11月1日初版発行

著　者　広瀬尚子
発行者　真船美保子
発行所　KK ロングセラーズ
東京都新宿区高田馬場 2-1-2　〒 169-0075
電話（03）3204-5161(代)　振替 00120-7-145737
http://www.kklong.co.jp

印　刷　中央精版印刷(株)
製　本　(株)難波製本
落丁・乱丁はお取り替えいたします。※定価と発行日はカバーに表示してあります。
ISBN978-4-8454-2447-4　Printed In Japan 2019

装丁／Aya Iwaya